Schriftenreihe zu Medienrecht, Medienproduktion und Medienökonomie

Band 41

Serviceadressen:

Spitzenorganisation
der Filmwirtschaft e.V.
Murnaustraße 6
65189 Wiesbaden
Tel: 0611/7789110
Fax: 0611/7789179
e-mail: statistik@spio-fsk.de
www.spio.de

Hamburg Media School
Finkenau 35
22081 Hamburg
Tel: 040/4134680
Fax: 040/41346810
Email: info@hamburgmediaschool.com
www.hamburgmediaschool.com

Spitzenorganisation der Filmwirtschaft e.V.

Filmstatisches Jahrbuch 2019

zusammengestellt und bearbeitet von
Wilfried Berauer

Mit freundlicher Unterstützung der
VFF Verwertungsgesellschaft der Film- und Fernsehproduzenten, München.

Die Deutsche Nationalbibliothek verzeichnet diese Publikation in der Deutschen Nationalbibliografie; detaillierte bibliografische Daten sind im Internet über http://dnb.d-nb.de abrufbar.

ISBN 978-3-8487-6318-4 (Print)
ISBN 978-3-7489-0418-2 (ePDF)

1. Auflage 2019

Vorwort

Die Schriftenreihe „Medienrecht - Medienproduktion - Medienökonomie“ bietet eine Plattform für Publikationen aus Wissenschaft und Praxis zu medienrechtlichen und medienökonomischen sowie produktionstechnischen Themen. Sie soll einen Beitrag zur wissenschaftlichen Auseinandersetzung mit der Film- und Medienbranche leisten.

Die Herausgeber

Editorial Filmstatistisches Jahrbuch 2019

Das Filmstatistische Jahrbuch 2019 enthält Datenmaterial bis einschließlich 31.12.2018.

Der Redaktionsschluss für das statistische Jahrbuch liegt im Mai des aktuellen Jahres. Das hat zur Folge, dass bestimmte Daten der FFA, die im Mai 2019 noch nicht vorlagen, nicht aufgeführt sind. Wir bitten Sie, diese dem aktuellen Geschäftsbericht der FFA (www.ffa.de) zu entnehmen.

Über den eigenen Datenbestand der Spitzenorganisation der Filmwirtschaft hinaus beziehen wir zur Erstellung des Fimstatistischen Jahrbuchs Daten und Informationen von folgenden Institutionen:

Bundesagentur für Arbeit	BA
Bundesverband audiovisuelle Medien e.V.	BVV
Deutsche Film- und Medienbewertung	FBW
Deutsches Filminstitut e.V.	DIF
Europäische Audiovisuelle Informationsstelle und andere europäische Filminstitutionen	
Filmförderungsanstalt	FFA
Freiwillige Selbstkontrolle der Filmwirtschaft GmbH	FSK
Statistisches Bundesamt	
Verband der Filmverleiher e.V.	VdF
Werbung im Kino e.V.	FDW

Wir danken allen Institutionen, ihren Mitarbeiterinnen und Mitarbeitern für die Bereitstellung der Daten sowie für die kollegiale Zusammenarbeit.

Wiesbaden im August 2019

Spitzenorganisation der Filmwirtschaft e.V.

Wilfried Berauer

Leiter der Abteilung Statistik und Marktforschung

Inhaltsübersicht

Erläuterungen

Tabellen ohne Quellenangabe basieren auf Erhebungen und Ermittlungen der Abteilung Statistik und Marktforschung der Spitzenorganisation der Filmwirtschaft e.V.

Die Jahreszahlen gelten stets für das Kalenderjahr, Bestandszahlen gelten stets für das Ende des Kalenderjahres.

Beziehungszahlen je Einwohner sind stets auf die Wohnbevölkerung des angegebenen Gebiets am Ende des Kalenderjahres bezogen. Die Wohnbevölkerung (=Einwohner) umfasst sämtliche Personen, die in den angegebenen Gebieten ihren ständigen Wohnsitz haben.

Im Allgemeinen ist so auf- bzw. abgerundet worden, dass die einzelnen Zahlen unabhängig von den Zeilen- und Spaltensummen auf die kleinste zur Darstellung kommende Einheit auf- oder abgerundet wurden. Durch dieses Vorgehen können kleine Differenzen in den Summen entstehen.

Wenn eine Summe vollständig aufgegliedert wurde, ist dies durch das Wort „davon“ kenntlich gemacht. Beim Vorliegen einer nur teilweisen Ausgliederung von Bestandteilen einer Summe wurde das Wort „darunter“ verwendet.

Bei Zeit- oder Zahlenintervallen bedeutet das Wort „bis“ oder der Bindestrich (-), dass das genannte Jahr oder der betreffende Wert eingeschlossen ist; andernfalls ist der Vermerk „unter“ beigefügt.

Manche Inhalte werden als Diagramm und als Tabelle dargestellt.

Definitionen

Langfilme umfassen Spielfilme und Dokumentarfilme, die länger als 59 Minuten sind.

Kurzfilme sind Filme, die kürzer als 60 Minuten sind.

Kinofilme sind im Kino aufgeführte Spiel- oder Dokumentarfilme, die länger als 59 Minuten sind.

Videofilme sind Spiel- oder Dokumentarfilme, die länger als 59 Minuten sind und auf einem Bildträger ausgewertet werden, die der Nutzungsart Video zugeordnet ist, z.B. auf DVD oder Blu-ray.

Programmfüllende Filme sind Spielfilme, Filme ohne Spielhandlung und Dokumentarfilme mit jeweils über 79 Minuten Spieldauer und Kinder- oder Jugendfilme mit mehr als 59 Minuten Dauer.

Der Begriff Filmtheater ist gleichbedeutend mit dem Begriff Kino, der Begriff Leinwand mit dem Begriff Location.

Bei den elektronischen Vertriebsformen von Filminhalten ohne Bildträger wird zwischen **Electronic sell through (EST)** und den beiden Verleihformen **Transactional Video on Demand (TVoD)** und **Subscriptional Video on Demand (SVoD)** unterschieden.

EST bedeutet Verkauf von Filminhalten. TVoD umfasst Einzeltransaktionen mit zeitlich limitierter Verfügbarkeit. Den Zugang zu einem Filmkatalog im Rahmen eines Abonnements bezeichnet man als SVoD.

Zeichenerklärungen

Ein Punkt (.) anstelle einer Zahl bedeutet, dass keine Zahlenangaben gemacht werden können, da der Zahlennachweis fehlt oder die Angaben erst zu einem späteren Zeitpunkt ermittelt werden können.

Ein Strich (-) anstelle einer Zahl bedeutet Null bzw. nichts.

Ein hochgestelltes s (^{s}) bedeutet, dass die Werte auf Schätzung beruhen.

Die Ziffer 0 oder 0,0 bedeutet mehr als nichts, aber weniger als die Hälfte der kleinsten Einheit, die in der Tabelle zur Darstellung gebracht werden kann.

Abkürzungen

ausl.	= ausländisch(e)
D 1.1	= Diagramm 1.1
dt.	= deutsch/deutscher
DVD	= Digital Versatile Disc
EST	= Electronic sell through
FBW	= Deutsche Film- und Medienbewertung
FFA	= Filmförderungsanstalt
FFG	= Filmförderungsgesetz
FSK	= FSK - Freiwillige Selbstkontrolle der Filmwirtschaft GmbH
JuSchG	= Jugendschutzgesetz
KJ	= FSK-Freigabe „Keine Jugendfreigabe“ entspricht der FSK-Freigabe „ab 18 Jahren“
maj.	= majoritär
min.	= minoritär
Mio	= Million(en)
o.Al.	= FSK-Freigabe „ohne Altersbeschränkung“
SVoD	= Subscriptional Video on Demand (Abonnements)
TVoD	= Transactional Video on Demand (Einzeltransaktionen)
s (^{s})	= Wert beruht auf Schätzung
T €	= 1.000 €
VoD	= Video on Demand

Filmwirtschaft 2018 auf einen Blick

Deutschland

Unternehmen der Filmwirtschaft 2017* 6.684
Lieferungen und Leistungen 2017* .... 8.266 Mio €
Sozialversicherungsplichtig Beschäftigte 2018
und selbständig Erwerbstätige 2017* 76.961
Kulturwirtschaftliche Filmförderung Bund und Länder .... 445,55 Mio €

Kino

Kinobesuche gesamt .... 105,4 Mio
Kinogänger mit mindestens einem Kinobesuch in 2018 .... 24,6 Mio
Kinoumsatz .... 899,3 Mio €
Anzahl Kinos 1.672
Durchschnittlicher Kino - Ticketspreis .... 8,54 €

Erstaufgeführte Kinofilme

Deutsche Kinofilme 247
Kinofilme gesamt 641
Kinobesuche deutscher Filme .... 24,6 Mio

Erfolgreichste Filme
Deutscher Film ..... Jim Knopf & Lukas der Lokomotivführer 1,9 Mio Besuche
Internationaler Film
Phantastische Tierwesen: Grindelwalds Verbrechen .... 3,9 Mio Besuche

Durchschnittliche Produktionskosten deutscher Spielfilm .... 3,0 Mio €

Video

Gesamtumsatz Video .... 2.034 Mio €
Umsatz EST/TVoD/SVoD .... 1.201 Mio €
Durchschnittlicher Preis DVD/Blu-ray .... 11,75 €/14,12 €
Durchschnittlicher Preis TVoD .... 3,24 €

Europäische Union

Kinobesuche .... 956 Mio
Kinoumsatz .... 6.802 Mio €
Spielfilmproduktionen 1.142

*Die Zahlen von 2018 lagen bei Redaktionsschluss noch nicht vor

Filmwirtschaft 2018

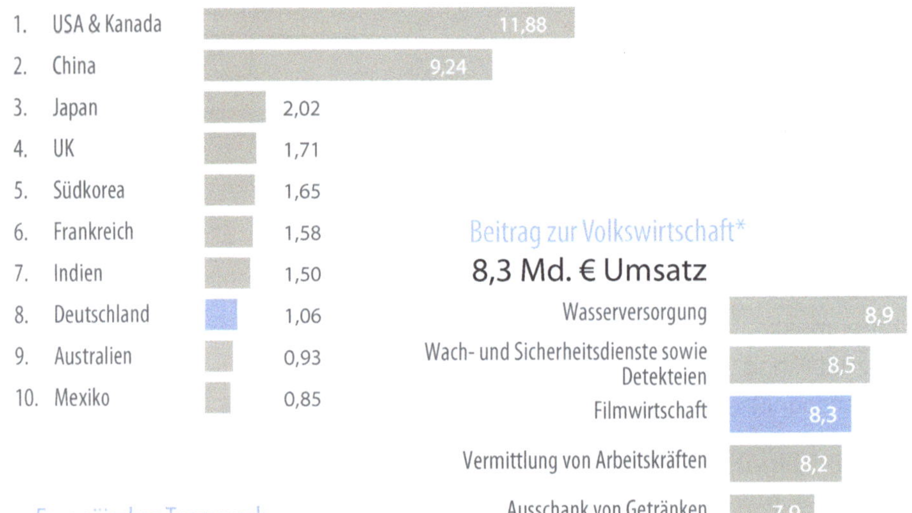

Europäisches Teamwork

49% der deutschen Kinospielfilme sind internationale Koproduktionen

Bevorzugte Koproduktionsländer

1. Frankreich
2. Österreich
3. Schweiz

Erfolge

Jim Knopf & Lukas der Lokomotivführer

1,8 Mio Besucher

Werk ohne Autor

Golden Globe Nominierung | Oscar-Nominierung

Kostenintensive Herstellung

Ein Kinofilm kostet

ø 3,0 Mio €

Klein- und mittelständische Unternehmen*

6.684 Unternehmen

Produktion	4.521
Postproduktion	865
Verleih/Vertrieb	475
Kinobetriebe	823

Kultur in der Fläche

105,4 Mio Kinobesuche

Kinostanstandorte	905
Kinos	1.672
Leinwände	4.849
Sitzplätze	795.686

Wichtiger Arbeitgeber - deutschlandweit

76.961 Erwerbstätige

Regionale Verteilung

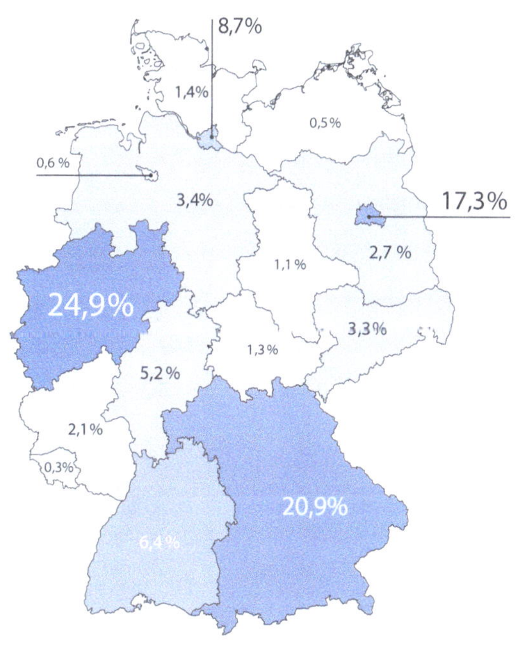

VoD im Vormarsch

Umsatz physische Videos und Online-Videos

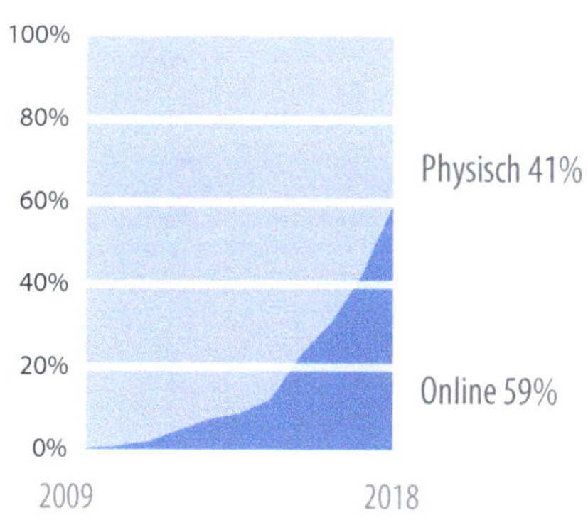

* Zahlen aus 2017
Weitere Quellen: SPIO, FFA, DESTATIS, Observatoire, BA für Arbeit

1 Filmproduktion

Die Zahl der deutschen Spielfilm-Erstaufführungen im Kino ist im Jahr 2018 mit 153 gegenüber 141 in 2017 um 9% gestiegen. Der Mittelwert über die letzten zehn Jahre hinweg liegt bei 145 Erstaufführungen, der starke Zuwachs in der Dekade 2000 bis 2009 setzt sich nicht fort, ein Plateau ist erreicht.

Es wurden 94 Dokumantarfilme erstaufgeführt, hier liegt der 10-Jahresdurchschnitt bei 86 Filmen.

49% der deutschen Spielfilm-Erstaufführungen waren deutsch-ausländische Koproduktionen, was leicht über dem 10-Jahresdurchschnitt von 47% liegt. Die bevorzugten Koproduktionsländer der letzten 10 Jahren waren Frankreich, Österreich, Schweiz, Belgien und die USA.

179 deutsche Produktionsfirmen waren 2018 an den deutschen Erstaufführungen beteiligt, 2017 waren es 187.

Bei allen Aussagen zur Filmproduktion ist zu beachten, dass keine Angaben über die tatsächliche Anzahl der Produktionen vorliegen. Das Kriterium der Erfassung bei den Langfilmen ist die gewerbliche Auswertung in den Filmtheatern, bei den Kurz- und Werbefilmen die Vorlage bei der Freiwilligen Selbstkontrolle der Filmwirtschaft (FSK) oder der Filmbewertungsstelle (FBW).

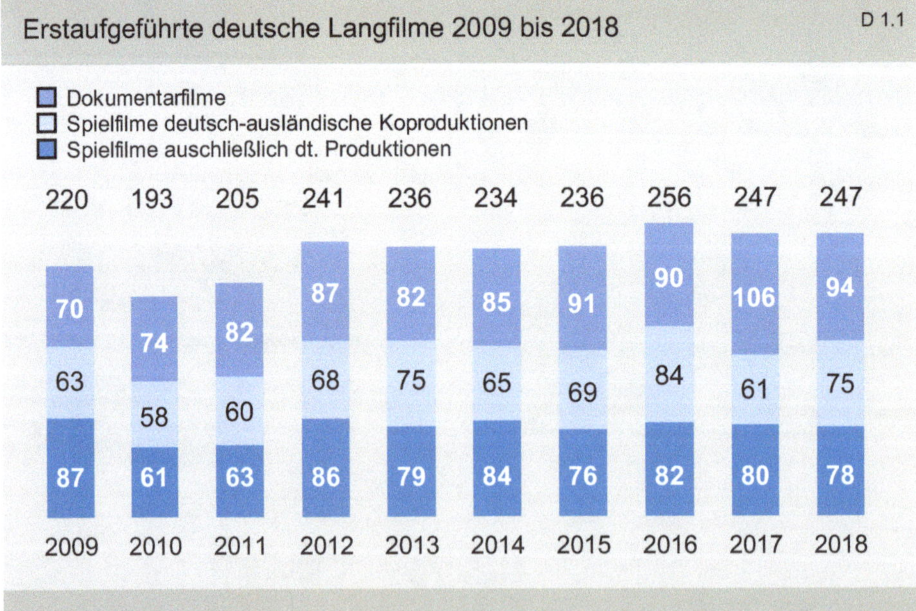

Jährlicher Spielfilm-Output* der Produktionsfirmen 2018 in % (Basis 179 Produktionsfirmen)

D 1.2

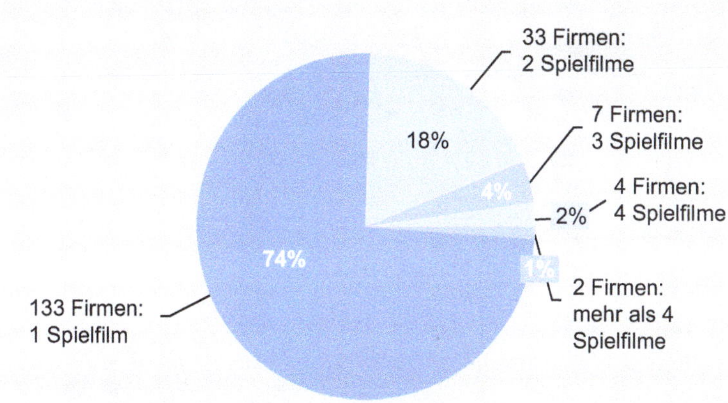

*Erstaufgeführte Spielfilme 2018

Spielfilme nach Anzahl beteiligter Firmen* 2014 bis 2018 in %

D 1.3

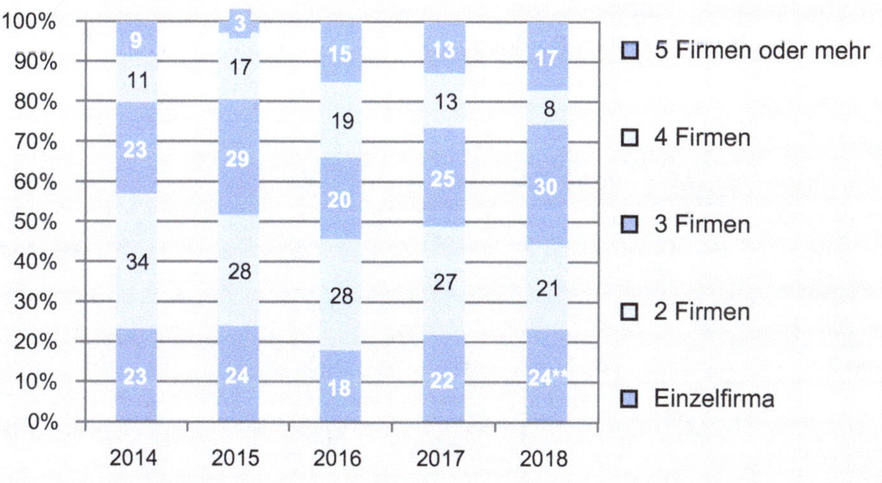

*ohne TV-Sender **Lesebeispiel: In 2018 wurden 24% der erstaufgeführten Spielfilme von einer Firma produziert

Tabelle 1.1

Erstaufgeführte deutsche Langfilme 2009 bis 2018

Jahr	Spielfilme						Doku-mentar-filme	alle Lang-filme
	ausschl. dt. Prod.	dt.-ausländ. Koproduktionen			gesamt	Anteil Koprod. in %		
		maj. deutsch	min. deutsch	gesamt				
2009	87	42	21	63	150	42,0	70	220
2010	61	23	35	58	119	48,7	74	193
2011	63	29	31	60	123	48,8	82	205
2012	86	32	36	68	154	44,2	87	241
2013	79	38	37	75	154	48,7	82	236
2014	84	22	43	65	149	43,6	85	234
2015	76	24	45	69	145	47,6	91	236
2016	82	41	43	84	166	50,6	90	256
2017	80	27	34	61	141	43,3	106	247
2018	78	35	40	75	153	49,0	94	247

Tabelle 1.2

Erstaufgeführte deutsch-ausländische Koproduktionen 2009 bis 2018 nach Anzahl der beteiligten Länder

Koproduktionen mit...	Anzahl der Koproduktionen									
	2009	2010	2011	2012	2013	2014	2015	2016	2017	2018
2 Ländern	35	28	29	31	35	36	36	44	20	30
3 Ländern	19	22	25	26	28	22	23	25	24	25
4 Ländern	8	5	5	8	11	2	8	11	13	12
5 Ländern	1	2	1	2	1	5	2	4	3	6
6 Ländern	-	1	-	1	-	-	-	-	1	2
gesamt	63	58	60	68	75	65	69	84	61	75
	Anteil Koproduktionen an erstaufgeführten Spielfilmen in %									
	42,0	48,7	48,8	44,2	48,7	43,6	47,6	50,6	43,3	49,0

Tabelle 1.3

Bevorzugte Koproduktionsländer - Anzahl der Beteiligungen an deutsch-ausländischen Koproduktionen 2009 bis 2018

Firmensitz	Jahr										
	2009	2010	2011	2012	2013	2014	2015	2016	2017	2018	gesamt
Frankreich	19	21	21	19	32	22	14	31	24	25	228
Österreich	9	8	7	9	8	7	8	11	11	8	86
Schweiz	6	5	6	8	6	10	2	9	5	7	64
Belgien	3	3	3	7	7	6	7	4	10	11	61
USA	6	4	4	6	4	5	8	10	3	8	58
Großbritannien	3	7	8	6	7	3	3	11	4	4	56
Niederlande	2	2	4	3	4	4	4	3	4	11	41
Schweden	1	3	3	4	4	4	6	2	6	8	41
Dänemark	4	3	2	4	2	4	5	4	6	5	39
Italien	7	4	2	2	1	2	2	2	4	5	31
Sonstige	38	39	37	47	49	36	52	54	47	58	457

Tabelle 1.4

Durchschnittliche Produktionskosten* erstaufgeführter deutscher Spielfilme 2009 bis 2018 in Millionen €

Jahr	alle Filme	ausschließlich deutsche Produktionen	deutsch-ausländische Koproduktionen
2009	4,4	2,9	6,1
2010	4,4	2,8	6,2
2011	4,8	3,2	7,0
2012	4,6	2,2	7,8
2013	5,0	3,3	6,9
2014	6,9	3,8	11,5
2015	3,1	2,3	4,2
2016	3,9	3,3	4,5
2017	3,1	2,5	3,8
2018	3,0	2,9	3,1

*Quelle für die Berechnungen sind Angaben der Produzenten sowie Presseberichte. Zu durchschnittlich 48% der erstaufgeführten Spielfilme liegen der SPIO Angaben zu Produktionskosten vor.

Tabelle 1.5

Erstaufgeführte deutsche Spielfilme nach Produktionskostenklassen* 2009 bis 2018

Produktionskosten* in €	2009	2010	2011	2012	2013	2014	2015	2016	2017	2018
unter 500.000	8	7	5	9	8	7	12	10	9	8
500.000 bis 1,5 Mio	21	20	12	14	10	14	19	17	11	6
1,5 Mio bis 3 Mio	15	9	11	13	20	7	22	18	12	10
3 Mio bis 5 Mio	16	13	16	14	13	22	16	15	14	11
5 Mio bis 10 Mio	26	15	9	14	18	11	14	13	12	9
10 Mio und mehr	7	6	6	3	5	7	1	5		1
Filme mit Angaben zu den Produktionskosten	93	70	59	67	74	68	84	78	58	45
Filme ohne Angaben zu den Produktionskosten	57	49	64	87	80	81	61	88	83	108
Erstaufgeführte Spielfilme insgesamt	150	119	123	154	154	149	145	166	141	153

Anteile der Kostenklassen an den erstaufgeführten deutschen Spielfilmen 2009 bis 2018

Produktionskosten in €	2009	2010	2011	2012	2013	2014	2015	2016	2017	2018
unter 500.000	9%	10%	8%	13%	11%	10%	14%	13%	16%	18%
500.000 bis 1,5 Mio	23%	29%	20%	21%	14%	21%	23%	22%	19%	13%
1,5 Mio bis 3 Mio	16%	13%	19%	19%	27%	10%	26%	23%	21%	22%
3 Mio bis 5 Mio	17%	19%	27%	21%	18%	32%	19%	19%	24%	24%
5 Mio bis 10 Mio	28%	21%	15%	21%	24%	16%	17%	17%	21%	20%
10 Mio und mehr	8%	9%	10%	4%	7%	10%	1%	6%	0%	2%
gesamt	100%	100%	100%	100%	100%	100%	100%	100%	100%	100%
Filme mit Angaben zu den Produktionskosten	62%	59%	48%	44%	48%	46%	58%	47%	41%	29%

*Quelle für die Berechnungen sind Angaben der Produzenten sowie Presseberichte. Zu durchschnittlich 48% der erstaufgeführten Spielfilme liegen der SPIO Angaben zu Produktionskosten vor.

Tabelle 1.6

Von der FBW prädikatisierte deutsche Langfilme 2009 bis 2018

Erstaufführungsjahr	Langfilme gesamt	davon			
		Spielfilme		Dokumentarfilm	
		Wertvoll	Besonders wertvoll	Wertvoll	Besonders wertvoll
2009	74	25	37	3	9
2010	61	15	28	2	16
2011	59	17	29	3	10
2012	61	12	28	7	14
2013	55	14	29	3	9
2014	50	7	31	5	7
2015	62	11	32	5	14
2016	56	13	34	1	8
2017	48	7	27	5	9
2018	57	11	34	5	7

Tabelle 1.7

FSK-geprüfte und FBW-prädikatisierte deutsche Kurzfilme 2009 bis 2018

Jahr	Kurzfilme geprüft durch FSK gesamt	Kurzfilme vorgelegt bei FBW gesamt	darunter mit Prädikat	
			Wertvoll	Besonders wertvoll
2009	137	131	59	36
2010	126	171	61	54
2011	117	157	48	55
2012	117	132	37	57
2013	137	119	36	55
2014	82	109	29	45
2015	93	105	28	38
2016	98	116	34	57
2017	99	106	26	65
2018	94	101	25	54

Quelle: FBW - deutsche Film- und Medienbewertung, FSK - Freiwillige Selbstkontrolle der Filmwirtschaft

Tabelle 1.8

Jährlicher Spielfilm-Output der Produktionsfirmen 2014 bis 2018 nach Anzahl der erstaufgeführten deutschen Spielfilme

Anzahl erstaufgeführte Spielfilme	Produktionsfirmen									
	2014		2015		2016		2017		2018	
	Anz.	in %	Anz.	in %	Anz.	in %	Anz.	in %	Anz.	in %
1	179	84,8	147	80,8	190	81,5	150	80,2	133	74
2	23	10,9	25	13,7	28	12,0	24	12,8	33	18
3	5	2,4	5	2,7	8	3,4	9	4,8	7	4
4	3	1,4	1	0,5	5	2,1	2	1,1	4	2
mehr als 4	1	0,5	4	2,2	2	0,9	2	1,1	2	1
gesamt	211	100	182	100	233	100	187	100	179	100

In dieser Tabelle wird die Alleinproduktion einer Beteiligung an einer Gemeinschafts- bzw. internationalen Koproduktion gleichgestellt. Bei Gemeinschaftsproduktionen wird der Film allen beteiligten Firmen zugerechnet. Deshalb kann sich rechnerisch eine höhere Zahl von Filmen als die der erstaufgeführten Spielfilme ergeben. Die Beteiligungen der Fernsehsender werden in dieser Tabelle nicht berücksichtigt.

Tabelle 1.9

Aufteilung der erstaufgeführten deutschen Spielfilme 2014 bis 2018 nach der Anzahl der beteiligten Firmen* in %

Anzahl der beteiligten Firmen	Erstaufgeführte Spielfilme									
	2014		2015		2016		2017		2018	
	Anz.	in %	Anz.	in %	Anz.	in %	Anz.	in %	Anz.	in %
Einzelfirma	35	23,5	35	24,1	30	18,1	31	22,0	36	23,5
2 Firmen	50	33,6	40	27,6	46	27,7	38	27,0	32	20,9
3 Firmen	34	22,8	42	29,0	34	20,5	35	24,8	46	30,1
4 Firmen	17	11,4	24	16,6	31	18,7	19	13,5	13	8,5
5 Firmen oder mehr	13	8,7	4	2,8	25	15,1	18	12,8	26	17,0
gesamt	149	100	145	100	166	100	141	85	153	100

*ohne TV-Sender

Tabelle 1.10

Beteiligungen von TV-Sendern an erstaufgeführten deutschen Spielfilmen 2014 bis 2018

TV-Sender	Anzahl der erstaufgeführten Spielfilme*				
	2014	2015	2016	2017	2018
3Sat	-	-	2	-	1
Arte	31	26	38	26	20
BR - Bayerischer Rundfunk	18	7	18	13	9
Das Erste	9	3	11	9	5
HR - Hessischer Rundfunk	5	4	4	3	2
KIKA	-	1	3	-	1
MDR - Mitteldeutscher Rundfunk	2	2	4	-	2
NDR - Norddeutscher Rundfunk	5	3	8	5	5
RBB	4	5	6	8	3
Pro Sieben	6	1	3	2	2
Radio Bremen	2	-	1	-	-
RTL	-	2	1	-	-
Sky	-	-	4	4	-
SR - Saarländischer Rundfunk	1	2	3	3	2
SWR - Südwest-Rundfunk	10	9	11	16	6
WDR - Westdeutscher Rundfunk	16	17	17	16	14
ZDF - Zweites Deutsches Fernsehen	34	26	29	20	22
Anteil der Spielfilme mit Beteiligung von TV-Sendern	51%	43%	52%	52%	40%

Quelle: DIF Deutsches Filminstitut
*Sind an einem Spielfilm mehrere Sender beteiligt, wird dieser Film allen beteiligten Sendern zugerechnet.

Tabelle 1.11

Unternehmen der Filmwirtschaft in der Umsatzsteuerstatistik 2015 bis 2017*

Wirtschaftsgliederung		Anzahl der steuerpflichtigen Firmen im Jahr**			2017 ggü. 2016	Lieferungen und Leistungen in Mio € im Jahr***			2017 ggü. 2016
		2015	2016	2017		2015	2016	2017	
59.1	Herstellung von Filmen, Videofilmen und Fernsehprogrammen / Verleih, Vertrieb / Kinos	6.630	6.601	6.684	1%	8.299	7.949	8.266	4%
davon									
59.11	Herstellung von Filmen, Videofilmen und Fernsehprogrammen	4.400	4.409	4.521	3%	4.674	4.676	4.901	5%
59.12	Nachbearbeitung und sonstige Filmtechnik	833	852	865	2%	234	211	230	9%
59.13	Filmverleih u.-vertrieb (ohne Videotheken)	556	518	475	-8%	1.630	1.528	1.527	0%
59.14	Kinos	841	822	823	0%	1.761	1.535	1.608	5%
60	Rundfunkveranstalter	341	331	326	-2%	8.366	8.675	9.130	5%
davon									
60.1	Hörfunkveranstalter	254	252	247	-2%	942	1.034	1.007	-3%
60.2	Fernsehveranstalter	87	79	79	0%	7.423	7.641	8.123	6%

Quelle: Statistisches Bundesamt, Wiesbaden

*Die Zahlen von 2018 lagen bei Redaktionsschluss noch nicht vor

**Firmen mit mehr als 17 500 € steuerpflichtigem Jahresumsatz

***Umsätze der Unternehmen, ohne Umsatzsteuer

2 Filmverleih

Im Jahr 2018 wurden in deutschen Kinos 641 Langfilme, davon 488 Spielfilme und 153 Dokumentarfilme erstaufgeführt. Über zehn Jahre betrachtet gibt es insgesamt einen Zuwachs an Erstaufführungen von 22%. Bei Spielfilmen beträgt die Steigerung 18%, bei Dokumentarfilmen 37%.

Der Verleihumsatz im deutschen Kinomarkt belief sich im Jahr 2018 insgesamt auf 346,2 Millionen € und lag damit um 83,9 Millionen € unter dem Vorjahresergebnis von 430,1 Millionen €, was einem Verlust von insgesamt 19,5% entspricht. Der Verleihumsatz mit deutschen Filmen verzeichneten ein Minus von 23,4%. Die Verleihumsätze britischer Filme stiegen von 14,8 Millionen € in 2017 um 40,5% auf 20,8 Millionen € in 2018. Der Verleihumsatz mit US-Filmen fiel um 20,4%.

Von insgesamt 488 erstaufgeführten Spielfilmen waren 153 deutsch (31%),140 US-amerikanisch (29%), 42 französisch (9%), 23 türkisch (5%) und 23 britisch (5%).

Das gesamte Filmangebot an Langfilmen inklusive Repertoire umfasste 2.391 Filmtitel.

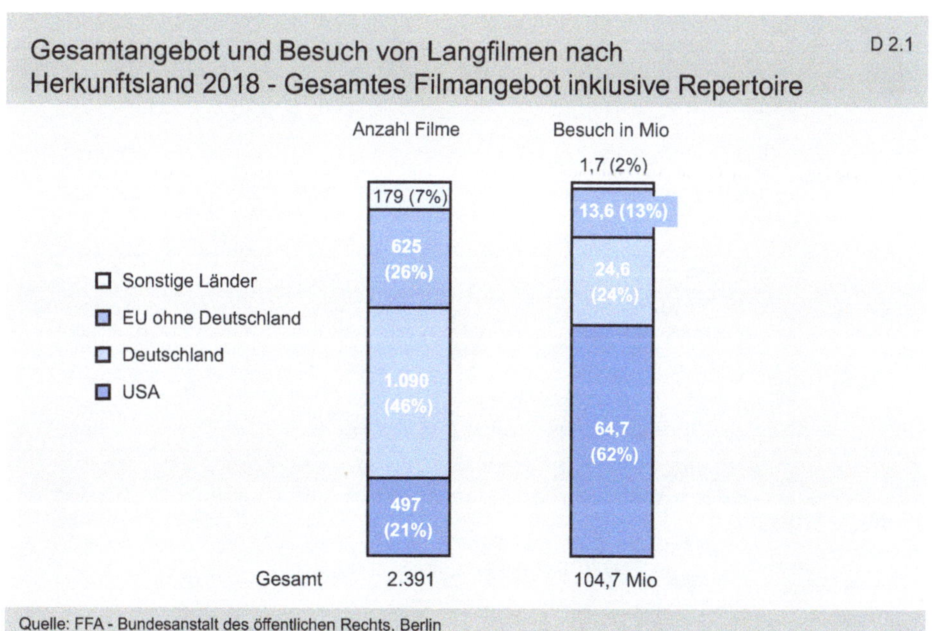

Erstaufgeführte Langfilme und Filmbesuch 2018 nach Genre in % D 2.2

	Besuche in %	Anzahl Filme in %	Ø Besuche
Drama	21,3	33,9	94.544
Komödie/Satire	16,8	16,7	151.224
Kinder-/Jugendfilm	16,6	6,6	380.617
Action	16,6	4,5	550.997
Fantasy	7,9	1,7	689.745
Thriller/Krimi	6,0	6,6	137.619
Horror/Mystery	3,9	3,0	199.479
Abenteuerfilm	3,9	1,1	530.693
Dokumentarfilm	1,8	23,9	11.525
Science-Fiction	1,7	0,9	278.483
Sonstige	3,6	1,2	436.945

Erstaufgeführte Langfilme nach Locationklassen* 2016 bis 2018 in % D 2.3

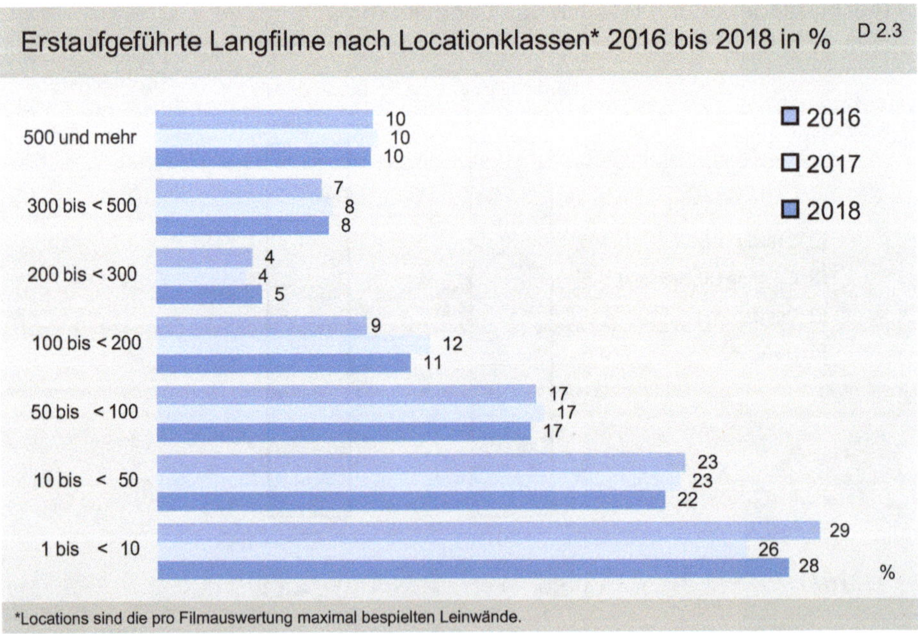

*Locations sind die pro Filmauswertung maximal bespielten Leinwände.

Tabelle 2.1

Erstaufgeführte Spielfilme 2009 bis 2018 nach Herstellungsländern

	Herstellungsland	2009	2010	2011	2012	2013	2014	2015	2016	2017	2018	2018 in %
	TOP 15 Summe aus 10 Jahren											
1	USA	150	150	146	137	153	145	158	151	157	140	28,7%
2	Deutschland	150	119	123	154	154	149	145	166	141	153	31,4%
3	Frankreich	24	31	25	41	27	33	38	39	58	42	8,6%
4	Türkei	19	17	17	18	24	23	25	29	30	23	4,7%
5	Großbritannien	11	15	24	22	18	26	20	19	23	23	4,7%
6	Italien	7	8	13	3	5	4	8	6	7	14	2,9%
7	Indien	4	2	1	1	3	2	11	13	6	12	2,5%
8	Russland	1	-	6	5	2	-	3	2	17	16	3,3%
9	Spanien	7	7	3	6	8	1	4	8	-	5	1,0%
10	Österreich	5	2	6	3	6	5	4	6	5	4	0,8%
11	Japan	3	4	3	1	2	7	4	6	10	5	1,0%
12	Schweiz	2	3	5	3	3	4	3	7	4	4	0,8%
13	Belgien	1	3	1	8	3	3	3	7	7	1	0,2%
14	Kanada	2	2	7	5	4	5	1	5	2	2	0,4%
15	Norwegen	-	3	5	5	3	4	3	2	3	5	1,0%
	Übrige Länder A-Z											
	Ägypten	-	-	-	1	1	-	-	-	-	-	0,0%
	Argentinien	1	3	2	3	3	1	5	1	3	3	0,6%
	Äthiopien	-	-	-	-	-	-	1	-	-	-	0,0%
	Australien	1	2	3	1	2	2	6	2	2	2	0,4%
	Bhutan	-	1	-	-	-	-	-	-	-	-	0,0%
	Bolivien	-	-	1	-	-	-	-	-	-	-	0,0%
	Bosnien-Herzegowina	-	-	-	-	1		-	-	-	-	0,0%
	Brasilien	1	2	1	1	1	2	3	-	2	2	0,4%
	Bulgarien	-	-	-	-	-	-	-	-	-	1	0,2%
	Chile	-	1	1	1	2	1	2	1	1	1	0,2%
	Costa Rica	-	-	-	-	-	-	1	-	-	-	0,0%
	Dänemark	3	1	4	3	2	4	2	5	3	2	0,4%
	Dominikanische Rep.	-	-	-	-	-	-	1	-	-	-	0,0%
	Ecuador	1	-	-	-	1	-	1	-	-	-	0,0%
	Estland	1	1	-	1	-	-	-	1	-	1	0,2%
	Finnland	-	1	-	1	2	-	2	2	2	-	0,0%
	Griechenland	-	1	-	2	1	-	1	1	1	-	0,0%
	Guatemala	-	-	-	-	1	-	-	1	-	-	0,0%
	Hongkong	1	-	-	-	1	1	-	1	-	-	0,0%
	Indonesien	-	-	-	1	-	1	-	-	-	1	0,2%
	Irak	-	-	1	-	1	-	-	-	-	-	0,0%
	Iran	-	-	3	1	1	-	2	1	2	2	0,4%
	Irland	2	2	-	1	-	3	4	4	3	1	0,2%
	Island	-	-	-	-	1	-	3	2	2	2	0,4%
	Israel	-	-	-	2	4	1	-	1	1	-	0,0%
	Jordanien	1	-	-	-	-	-	-	-	-	-	0,0%

Tabelle 2.1

Erstaufgeführte Spielfilme 2009 bis 2018 nach Herstellungsländern

Herstellungsland	2009	2010	2011	2012	2013	2014	2015	2016	2017	2018	2018 in %
Kasachstan	-	-	-	-	-	1	-	-	-	-	0,0%
Kirgisien	-	-	-	-	-	-	-	1	-	-	0,0%
Kolumbien	-	-	-	3	-	-	-	2	-	-	0,0%
Kongo	-	-	-	1	-	-	-	-	-	-	0,0%
Kroatien	-	-	-	-	-	1	-	1	-	-	0,0%
Kuba	-	-	1	1	1	1	-	2	-	1	0,2%
Lettland	-	1	-	-	-	-	-	-	-	1	0,2%
Libanon	-	-	-	-	-	-	-	-	-	1	0,2%
Litauen	-	-	-	-	-	-	1	1	-	-	0,0%
Luxemburg	-	-	-	-	-	-	-	-	-	2	0,4%
Malaysia	-	-	1	1	-	1	-	-	-	-	0,0%
Mauretanien	-	-	-	-	-	1	-	-	-	-	0,0%
Mexiko	2	2	2	1	-	3	-	2	-	1	0,2%
Neuseeland	-	-	-	1	-	-	1	3	-	1	0,2%
Niederlande	-	1	4	1	5	3	1	2	3	1	0,2%
Peru	-	1	-	-	-	-	-	-	-	-	0,0%
Philippinen	-	1	-	1	-	-	-	1	-	1	0,2%
Polen	2	-	1	-	-	5	4	1	-	5	1,0%
Portugal	-	1	1	-	-	-	1	-	1	2	0,4%
Rumänien	1	-	1	2	2	1	-	2	-	-	0,0%
Saudi-Arabien	-	-	-	-	-	-	-	-	1	-	0,0%
Schweden	2	4	6	2	3	4	4	3	4	1	0,2%
Serbien	-	-	-	1	-	-	-	-	1	-	0,0%
Singapur	1	-	-	-	-	-	-	-	-	-	0,0%
Slowakische Rep.	-	-	-	-	-	1	1	-	-	-	0,0%
Südafrika	1	-	-	2	-	-	1	-	-	-	0,0%
Südkorea	5	1	1	3	-	4	-	1	2	1	0,2%
Taiwan	1	1	-	-	-	-	-	1	-	-	0,0%
Tschechische Republik	-	-	-	-	-	-	-	1	-	1	0,2%
Tunesien	-	-	-	-	-	-	-	2	-	-	0,0%
Ukraine	-	-	-	-	-	-	1	-	-	-	0,0%
Ungarn	-	-	-	-	-	-	1	1	1	-	0,0%
Uruguay	-	-	-	-	-	1	-	-	-	-	0,0%
Vanatu	-	-	-	-	-	-	-	-	1	-	0,0%
Venezuela	-	-	-	-	-	-	-	1	-	-	0,0%
Ver. Arabische Emirate	-	-	-	-	-	-	-	-	1	-	0,0%
VR China	1	-	-	1	-	3	1	-	2	2	0,4%
gesamt	414	394	419	452	451	457	481	517	509	488	100,0%
EU 27	216	198	212	250	236	240	244	270	259	260	53,3%
EU 27 ohne Deutschland	66	79	89	96	82	91	99	104	118	107	21,9%
Rest ohne EU 27 und USA	48	46	61	65	62	72	79	96	93	88	18,0%

Tabelle 2.2

Erstaufgeführte Langfilme 2016 bis 2018 nach Genres

Genre	2016			2017			2018		
	Langfilme		Besuche in %	Langfilme		Besuche in %	Langfilme		Besuche in %
	absolut	in %		absolut	in %		absolut	in %	
Abenteuer	16	2,4	4,6	6	0,9	3,8	7	1,1	3,9
Action	18	2,7	10,5	29	4,4	12,2	29	4,5	16,6
Dokumentarfilm	138	21,1	0,7	144	22,1	1,5	153	23,9	1,8
Drama	233	35,6	13,5	216	33,1	12,4	217	33,9	21,3
Fantasy	9	1,4	6,6	8	1,2	7,4	11	1,7	7,9
Horror/Mystery	19	2,9	3,6	14	2,1	5,8	19	3,0	3,9
Kinder/Jugend	35	5,3	23,9	41	6,3	17,0	42	6,6	16,6
Komödie/Satire	137	20,9	21,7	146	22,4	27,9	107	16,7	16,8
Science-Fiction	10	1,5	7,8	13	2,0	6,7	6	0,9	1,7
Thriller/Krimi	33	5,0	5,5	33	5,1	5,4	42	6,6	6,0
Sonstige	7	1,1	1,6	3	0,5	0,0	8	1,2	3,6
gesamt	655	100,0	100,0	653	100,0	100,0	641	100,0	100,0

Bemerkung: Jede Genreeinteilung beruht naturgemäß auch auf subjektiven Kriterien. Anhaltspunkte für die Zuordnung sind i.d.R. Verleihangaben.

Besucher-Marktanteile erstaufgeführter Kinder- Jugendfilme 2018 nach Herstellungsland und Filmart. Basis 42 Filme.

D 2.4

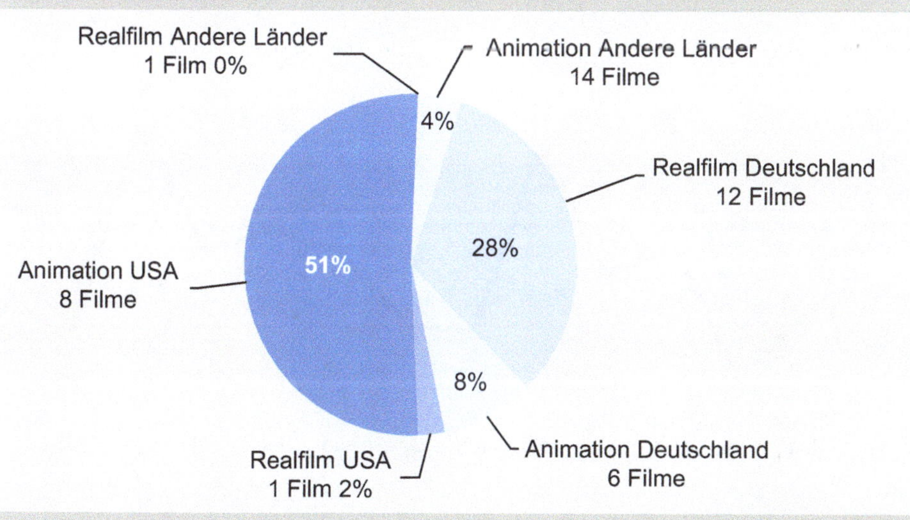

Tabelle 2.3

Erstaufgeführte Dokumentarfilme 2009 bis 2018 nach Herstellungsländern

Herstellungsland	Dokumentarfilme									
	2009	2010	2011	2012	2013	2014	2015	2016	2017	2018
Deutschland	70	74	82	87	82	85	91	90	106	94
USA	18	5	6	14	16	11	10	9	10	17
Österreich	4	6	4	2	7	8	4	10	2	11
Frankreich	5	6	5	3	5	4	7	4	6	8
Schweiz	3	10	2	5	7	6	6	3	5	5
Großbritannien	7	4	4	6	3	3	3	3	4	6
Dänemark	-	-	-	-	3	1	3	2	1	1
Niederlande	-	2	-	1	1	-	1	2	3	-
Kanada	-	1	-	2	1	1	2	1	1	1
Italien	-	1	-	2	1	1	2	1	-	-
Sonstige	5	5	3	11	7	8	8	13	6	10
gesamt	112	114	106	133	133	128	137	138	144	153

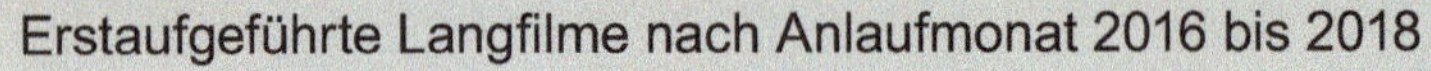

Erstaufgeführte Langfilme nach Anlaufmonat 2016 bis 2018

D 2.5

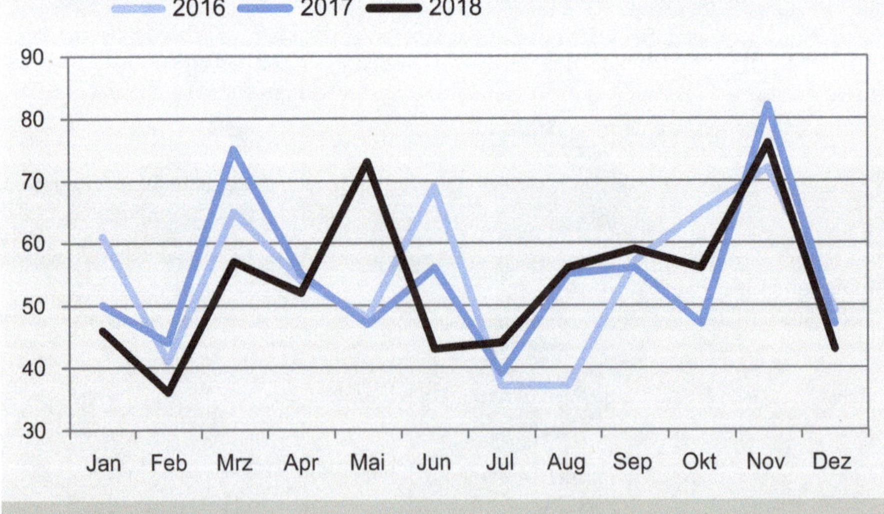

Tabelle 2.4

Gesamtes Filmangebot, inklusive Repertoire nach Besuchergrößenklassen 2016 bis 2018

Besucher	2016		2017		2018	
	Filme	Besuch	Filme	Besuch	Filme	Besuch
bis 10.000	1.954	1.913.888	1.953	1.841.006	1.986	1.871.556
bis 50.000	189	4.557.762	198	4.394.112	206	4.703.302
bis 100.000	57	4.137.082	54	4.090.008	46	3.178.908
bis 200.000	46	6.462.681	46	6.718.525	46	6.785.481
bis 500.000	56	18.812.516	51	16.256.875	48	15.690.944
bis 1 Mio	26	18.235.909	39	27.419.912	30	21.295.928
bis 2 Mio	23	32.819.421	18	24.383.252	20	26.862.782
bis 3 Mio	4	10.819.563	2	5.207.471	6	14.330.573
über 3 Mio	7	24.424.050	7	28.263.681	3	9.996.074
gesamt	2.362	122.182.872	2.368	118.574.842	2.391	104.715.548
	in %	in %	in %	in %	in %	in %
bis 10.000	82,7	1,6	82,5	1,6	83,1	1,8
bis 50.000	8,0	3,7	8,4	3,7	8,6	4,5
bis 100.000	2,4	3,4	2,3	3,4	1,9	3,0
bis 200.000	1,9	5,3	1,9	5,7	1,9	6,5
bis 500.000	2,4	15,4	2,2	13,7	2,0	15,0
bis 1 Mio	1,1	14,9	1,6	23,1	1,3	20,3
bis 2 Mio	1,0	26,9	0,8	20,6	0,8	25,7
bis 3 Mio	0,2	8,9	0,1	4,4	0,3	13,7
über 3 Mio	0,3	20,0	0,3	23,8	0,1	9,5
gesamt	100,0	100,0	100,0	100,0	100,0	100,0
	in %	in %	in %	in %	in %	in %
bis 50.000	90,7	5,3	90,8	5,3	91,7	6,3
bis 200.000	4,4	8,7	4,2	9,1	3,8	9,5
bis 1 Mio	3,5	30,3	3,8	36,8	3,3	35,3
über 1 Mio	1,4	55,7	1,1	48,8	1,2	48,9
gesamt	100,0	100,0	100,0	100,0	100,0	100,0

Quelle: FFA - Bundesanstalt des öffentlichen Rechts, Berlin

Tabelle 2.5

Verleihumsatz 2014 bis 2018 nach Herstellungsländern der Filme

Herstellungsland	Verleihumsatz im Jahr									
	2014		2015		2016		2017		2018	
	Mio €	in %	Mio €	in %	Mio €	in %	Mio €	in %	Mio €	in %
Deutschland	95,7	23,3	104,2	24,0	69,1	16,8	83,7	19,5	64,1	18,5
USA	267,8	65,3	288,8	66,5	312,6	76,1	312,5	72,7	248,8	71,8
Großbritannien	9,6	2,3	21,0	4,8	10,7	2,6	14,8	3,4	20,8	6,0
Frankreich	25,8	6,3	11,9	2,7	9,2	2,2	14,4	3,3	5,9	1,7
Italien	0,1	0,0	1,1	0,3	0,2	0,1	0,0	0,0	0,3	0,1
Andere EU-Länder	6,1	1,5	2,3	0,5	6,3	1,5	1,7	0,4	3,0	0,9
Sonstige Länder	5,0	1,2	5,0	1,2	2,9	0,7	3,0	0,7	3,3	1,0
gesamt	410,1	100,0	434,3	100,0	411,0	100,0	430,1	100,0	346,2	100,0

Quelle: Verband der Filmverleiher e.V. (VdF), Berlin

Tabelle 2.6

Leistungsgliederung der Verleihunternehmen 2014 bis 2018 nach erstaufgeführten Langfilmen

Verleih von ... angelaufenen Langfilmen	Anzahl der Unternehmen				
	2014	2015	2016	2017	2018
1	50	51	41	48	49
2	6	6	12	14	17
3	12	5	4	7	15
4-8	27	34	34	20	21
9-12	8	9	9	10	11
mehr als 12	14	13	15	17	13
gesamt	117	118	115	116	126

3 Filmtheater

Die Zahl der verkauften Kinotickets lag 2018 mit 105,4 Millionen 13,9% unter der des Vorjahrs (2017: 122,3 Millionen). Insgesamt wurde ein Umsatz von 899 Millionen € mit verkauften Kinotickets generiert, 156 Millionen € weniger als im Vorjahr, was einem Minus von 14,8% entspricht.

Die Anzahl der Kinos blieb mit 1.672 konstant. 2018 waren 4.849 Leinwände in Betrieb, 46 mehr als 2017. Die Zahl der Kinostandorte lag 2018 bei 905, das waren 6 mehr als das Jahr zuvor. 100% der Leinwände sind mit digitalen Projektoren, 46% mit 3D-Technik ausgestattet.

Der Anteil von Besuchen in Multiplexkinos gegenüber kleineren Kinos ist in den letzten 10 Jahren von 47,6% auf 43,7% gesunken.

Der durchschnittliche Eintrittspreis 2018 betrug 8,54 €, das waren 9 Cent weniger als im Vorjahr.

Filmbesuch in Deutschland nach Betriebstyp in Millionen und Prozent 2009 bis 2018

D 3.1

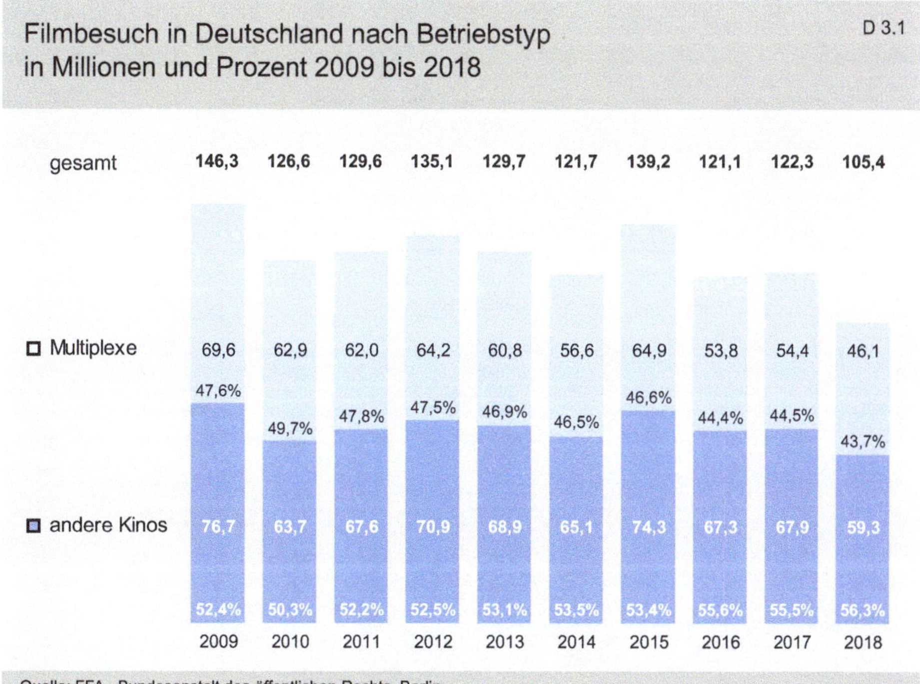

Quelle: FFA - Bundesanstalt des öffentlichen Rechts, Berlin

Tabelle 3.1

Filmtheater in Deutschland 2009 bis 2018

	2009	2010	2011	2012	2013	2014	2015	2016	2017	2018
Kinobesucher in Mio	146,3	126,6	129,6	135,1	129,7	121,7	139,2	121,1	122,3	105,4
Kinoumsatz in Mio €	976,1	920,4	958,1	1.033,0	1.023,0	979,7	1.167,1	1.023,0	1.056,1	899,3
Kinobesuch pro Einwohner	1,79	1,55	1,58	1,65	1,61	1,51	1,71	1,47	1,48	1,27
Filmtheater-unternehmen	1.213	1.205	1.171	1.168	1.159	1.156	1.169	1.169	1.177	1.171
Kinostandorte	976	954	926	909	890	883	893	892	899	905
Filmtheater	1.744	1.714	1.671	1.652	1.637	1.630	1.648	1.654	1.672	1.672
Leinwände	4.734	4.699	4.640	4.617	4.610	4.637	4.692	4.739	4.803	4.849
- Digital	566	1.248	1.900	3.134	4.170	4.544	4.692	4.739	4.803	4.849
- 3D	.	619	1.235	1.686	1.985	2.093	2.178	2.190	2.220	2.220
Kinositzplätze in Tsd.	819	809	792	787	781	783	786	788	789	796
Ø Ticketpreis in €	6,67	7,27	7,39	7,65	7,89	8,05	8,39	8,45	8,63	8,54

Quelle: FFA - Bundesanstalt des öffentlichen Rechts, Berlin, Audiovisuelle Informationsstelle, Strasbourg
Sitzplätze ohne Open Air, Universitätskinos, Filmfeste und Schließungen 2018

Tabelle 3.2

Leinwände und Sitzplätze nach Platzzahlgruppen im Jahr 2018

Platzzahlgruppen (Leinwände mit ... Sitzplätzen)	Leinwände		Sitzplätze	
	Anzahl	in %	Anzahl	in %
bis 50	293	6,2	11.707	1,4
51 bis 100	1.073	22,7	84.261	10,3
101 bis 200	2.023	42,9	297.428	36,3
201 bis 300	782	16,6	191.299	23,4
301 bis 400	311	6,6	106.659	13,0
401 bis 500	128	2,7	57.616	7,0
501 bis 750	93	2,0	54.455	6,7
751 bis 1.000	15	0,3	12.564	1,5
über 1.000	2	0,0	2.251	0,3
gesamt	4.720	100,0	818.240	100,0

Quelle: FFA - Bundesanstalt des öffentlichen Rechts, Berlin
ohne Filmfeste, Auto-, Open Air-, Porno- und Wanderkinos

Tabelle 3.3

Kinostandorte, Filmtheater und Leinwände nach Bundesländern im Jahr 2018

Bundesland	Kinostandorte		Filmtheater		Leinwände		
	Anzahl	in %	Anzahl	in %	Anzahl	in %	Einwohner pro Leinwand
Baden-Württemberg	136	15,0	250	15,0	680	14,0	16.251
Bayern	168	18,6	280	16,7	858	17,7	15.197
Berlin	1	0,1	96	5,7	291	6,0	12.457
Brandenburg	40	4,4	55	3,3	142	2,9	17.652
Bremen	2	0,2	11	0,7	48	1,0	14.179
Hamburg	1	0,1	31	1,9	86	1,8	21.328
Hessen	71	7,8	122	7,3	332	6,8	18.827
Meck.-Vorp.	34	3,8	56	3,3	120	2,5	13.413
Niedersachsen	110	12,2	178	10,6	457	9,4	17.459
NRW	137	15,1	269	16,1	884	18,2	20.265
Rheinland-Pfalz	45	5,0	65	3,9	212	4,4	19.236
Saarland	16	1,8	25	1,5	66	1,4	15.034
Sachsen	43	4,8	88	5,3	238	4,9	17.123
Sachsen-Anhalt	23	2,5	39	2,3	127	2,6	17.432
Schleswig-Holstein	47	5,2	59	3,5	170	3,5	17.018
Thüringen	31	3,4	48	2,9	138	2,8	15.547
gesamt	905	100	1.672	100	4.849	100	17.094

Quelle: FFA - Bundesanstalt des öffentlichen Rechts, Berlin

Tabelle 3.4

Leinwände nach Bundesländern und Einwohnergrößenklasse im Jahr 2018

	gesamt	Gemeinden mit ... tausend Einwohnern					
		bis 20	bis 50	bis 100	bis 200.	bis 500	über 500.
Bundesland	Anzahl Leinwände						
Baden-Württemberg	654	84	240	143	71	67	49
Bayern	832	283	232	99	70	26	122
Berlin	277	-	-	-	-	-	277
Brandenburg	140	49	43	19	29	-	-
Bremen	48	-	-	-	9	-	39
Hamburg	83	-	-	-	-	-	83
Hessen	324	68	94	52	30	37	43
Mecklenburg-Vorp.	116	40	19	41	-	16	-
Niedersachsen	449	79	133	104	86	13	34
Nordrhein-Westfalen	872	34	176	203	121	197	141
Rheinland-Pfalz	209	65	35	53	39	17	-
Saarland	63	14	23	-	26	-	-
Sachsen	228	42	44	29	-	18	95
Sachsen-Anhalt	124	15	54	8	-	47	-
Schleswig-Holstein	169	70	48	20	-	31	-
Thüringen	132	10	73	24	14	11	-
Leinwände bundesweit	4.720	853	1.214	795	495	480	883

Bundesland	Leinwände in %					
Baden-Württemberg	9,8	19,8	18,0	14,3	14,0	5,5
Bayern	33,2	19,1	12,5	14,1	5,4	13,8
Berlin	.	.	.	.	.	31,4
Brandenburg	5,7	3,5	2,4	5,9	.	.
Bremen	.	.	.	1,8	.	4,4
Hamburg	.	.	.	.	.	9,4
Hessen	8,0	7,7	6,5	6,1	7,7	4,9
Mecklenburg-Vorp.	4,7	1,6	5,2	.	3,3	.
Niedersachsen	9,3	11,0	13,1	17,4	2,7	3,9
Nordrhein-Westfalen	4,0	14,5	25,5	24,4	41,0	16,0
Rheinland-Pfalz	7,6	2,9	6,7	7,9	3,5	.
Saarland	1,6	1,9	.	5,3	.	.
Sachsen	4,9	3,6	3,6	.	3,8	10,8
Sachsen-Anhalt	1,8	4,4	1,0	.	9,8	.
Schleswig-Holstein	8,2	4,0	2,5	.	6,5	.
Thüringen	1,2	6,0	3,0	2,8	2,3	.
Leinwände bundesweit	100	100	100	100	100	100

Quelle: FFA - Bundesanstalt des öffentlichen Rechts, Berlin
ohne Filmfeste, Auto-, Open Air-, Porno- und Wanderkinos

Tabelle 3.5

Filmtheater (FT) und Leinwände (LW) nach Betriebstypen 2014 bis 2018

Betriebstyp Filmtheater mit ...	2014		2015		2016		2017		2018	
	FT	LW	FT	LW	FT	LW	FT	LW	FT	LW
1 Leinwand	795	795	808	808	808	808	815	815	814	814
2 Leinwänden	229	458	227	454	226	452	230	460	231	462
3 Leinwänden	167	501	167	501	168	504	170	510	167	501
4 Leinwänden	104	416	106	424	104	416	102	408	98	392
5 - 6 Leinwänden	134	716	136	729	141	755	143	767	146	784
7 - 8 Leinwänden	120	902	122	918	123	927	126	948	126	951
9 Leinw. und mehr	81	849	82	858	84	877	86	895	90	945
gesamt	1.630	4.637	1.648	4.692	1.654	4.739	1.672	4.803	1.672	4.849
	in %	in %	in %	in %	in %	in %	in %	in %	in %	in %
1 Leinwand	48,8	17,1	49,0	17,2	48,9	17,1	48,7	17,0	48,7	16,8
2 Leinwänden	14,0	9,9	13,8	9,7	13,7	9,5	13,8	9,6	13,8	9,5
3 Leinwänden	10,2	10,8	10,1	10,7	10,2	10,6	10,2	10,6	10,0	10,3
4 Leinwänden	6,4	9,0	6,4	9,0	6,3	8,8	6,1	8,5	5,9	8,1
5 - 6 Leinwänden	8,2	15,4	8,3	15,5	8,5	15,9	8,6	16,0	8,7	16,2
7 - 8 Leinwänden	7,4	19,5	7,4	19,6	7,4	19,6	7,5	19,7	7,5	19,6
9 Leinw. und mehr	5,0	18,3	5,0	18,3	5,1	18,5	5,1	18,6	5,4	19,5
gesamt	100,0	100,0	100,0	100,0	100,0	100,0	100,0	100,0	100,0	100,0

Quelle: FFA - Bundesanstalt des öffentlichen Rechts, Berlin

Tabelle 3.6

Spielstätten, Neueröffnungen, Leinwände, Filmbesuch, Bruttoeinnahmen und Ticketpreise von Multiplexen 2009 bis 2018

Jahr	Spielstätten		Leinwände		Filmbesuch		Bruttoeinnahmen		
	absolut	Neueröffnungen	absolut	Anteil an LW gesamt in %	in Mio	Anteil am Gesamtbesuch in %	in Mio €	Anteil am Gesamtumsatz in %	Durchschnittlicher Ticketpreis in €
2009	142	0	1.294	27,3	69,6	47,5	501,2	51,4	7,20
2010	143	0	1.301	27,7	62,9	49,7	497,5	53,4	7,90
2011	143	1	1.297	28,0	62,0	47,8	494,5	51,6	7,98
2012	143	0	1.293	28,0	64,2	47,6	531,5	51,4	8,27
2013	143	2	1.294	28,1	60,8	46,9	518,1	50,6	8,53
2014	146	2	1.335	28,8	56,6	46,5	493,1	50,3	8,72
2015	149	1	1.356	28,9	64,9	46,6	587,7	50,4	9,06
2016	149	1	1.395	29,4	53,8	44,4	487,6	47,7	9,06
2017	151	0	1.413	29,4	54,4	44,5	505,2	47,8	9,29
2018	158	2	1.485	30,6	46,1	43,8	422,9	47,0	9,17

Quelle: FFA - Bundesanstalt des öffentlichen Rechts, Berlin

Ab 2016 wird unter einem Multiplex ein Kino verstanden, welches über mindestens acht Säle verfügt.

Tabelle 3.7

Leinwände, Filmbesuch und Bruttoeinnahmen im Jahr 2018 nach Umsatzgrößenklassen der Filmtheater

Umsatzgrößenklassen in T €		Leinwände		Filmbesuch		Bruttoeinnahmen	
		in %	in % kumuliert	in %	in % kumuliert	in %	in % kumuliert
bis unter	15	7,8	7,8	0,6	0,6	0,3	0,3
bis unter	25	2,5	10,3	0,4	1,1	0,3	0,6
bis unter	50	6,8	17,1	2,0	3,1	1,6	2,2
bis unter	75	8,8	25,9	3,7	6,8	3,1	5,3
bis unter	100	10,5	36,4	5,8	12,6	5,1	10,4
bis unter	150	17,4	53,8	12,9	25,5	11,8	22,2
bis unter	250	22,7	76,5	24,9	50,4	24,2	46,4
bis unter	500	18,6	95,1	32,9	83,3	34,2	80,6
500 und mehr		4,9	100,0	16,7	100,0	19,4	100,0
gesamt		100,0		100,0		100,0	

Quelle: FFA - Bundesanstalt des öffentlichen Rechts, Berlin

Die Angaben zu Leinwänden beziehen sich ebenfalls auf alle nach dem FFG meldepflichtigen Filmtheater, einschließlich der Theater, die im Kalenderjahr geschlossen oder neu- bzw. wiedereröffnet wurden.

Tabelle 3.8

Leinwände, Filmbesuch, Bruttoeinnahmen und Ticketspreise im Jahr 2018 nach Ortsgrößenklassen

Einwohner		Leinwände in %	Filmbesuch		Bruttoeinnahmen		durchschnittlicher Ticketpreis in €
			in Mio	in %	in Mio €	in %	
bis	20.000	18,3	11,4	10,8	89,9	10,0	7,88
bis	50.000	25,5	21,4	20,3	171,1	19,0	7,99
bis	100.000	16,6	16,6	15,8	140,6	15,6	8,46
bis	200.000	10,2	11,7	11,1	101,3	11,3	8,68
bis	600.000	14,7	21,4	20,3	190,1	21,1	8,88
über	600.000	14,6	22,8	21,7	206,3	22,9	9,03
gesamt		100,0	105,4	100,0	899,3	100,0	8,54

Quelle: FFA - Bundesanstalt des öffentlichen Rechts, Berlin

Tabelle 3.9

Filmtheater-Bruttoeinnahmen und Filmabgabe an die FFA* 2014 bis 2018

	Jahr	Millionen €	in % der Brutto-einnahmen	Veränderungen zum Vorjahr in %
Bruttoeinnahmen				
	2014	979,7	100,0	-4,2
	2015	1.167,1	100,0	19,1
	2016	1.023,0	100,0	-12,3
	2017	1.056,1	100,0	3,2
	2018	899,3	100,0	-14,8
Filmabgabe an die FFA* gem. FFG				
	2014	24,5	2,5	-2,4
	2015	28,4	2,4	15,9
	2016	26,3	2,6	-7,4
	2017	23,5	2,2	-10,6
	2018	20,0	2,2	-14,9
Filmtheater-Bruttoeinnahmen abzüglich Filmabgabe				
	2014	955,1	97,5	-4,3
	2015	1.138,7	97,6	19,2
	2016	996,7	97,4	-12,5
	2017	1.032,6	97,8	3,6
	2018	879,3	97,8	-14,8

Quelle: FFA - Bundesanstalt des öffentlichen Rechts, Berlin

Die Angaben über die Bruttoeinnahmen (einschließlich 7% Mehrwertsteuer) beziehen sich auf alle Filmveranstaltungen, die nach dem FFG meldepflichtig sind.

*Ein Teil der Filmabgabe wurde unter Vorbehalt bezahlt.

4 Werbung im Kino

Der FDW Werbung im Kino e.V. lässt im Rahmen einer von der Arbeitsgemeinschaft Media-Analyse e.V. (ag.ma) durchgeführten Media-Analyse (MA) das Medium Kino ausführlich untersuchen. Die Ergebnisse der MA 2019 I werden in diesem Kapitel auszugsweise vorgestellt.

In der Zeit von 2000 bis 2009 ist der Kinowerbeumsatz von 175 Mio € auf 72 Mio € drastisch gefallen.

In 2018 prüfte die Freiwillige Selbstkontrolle der Filmwirtschaft 1.975 Werbefilme für die öffentliche Vorführung im Kino.

Die aktivsten Kinogänger sind die 14-19-jährigen. 11,3% dieser Altersgruppe geht mindestens einmal in der Woche ins Kino, gefolgt von der Gruppe der 20-29-jährigen mit einer Rechweite von 7,8%.

Kinobesucher sind mobil und gut vernetzt. Sie gehen gerne aus, ins Theater und in Konzerte. Sie sind sportlich aktiver und verreisen überdurchschnittlich gern.

Aufwendungen für die Schaltung kommerzieller Werbung im Kino 1998 bis 2017* in Mio € D 4.1

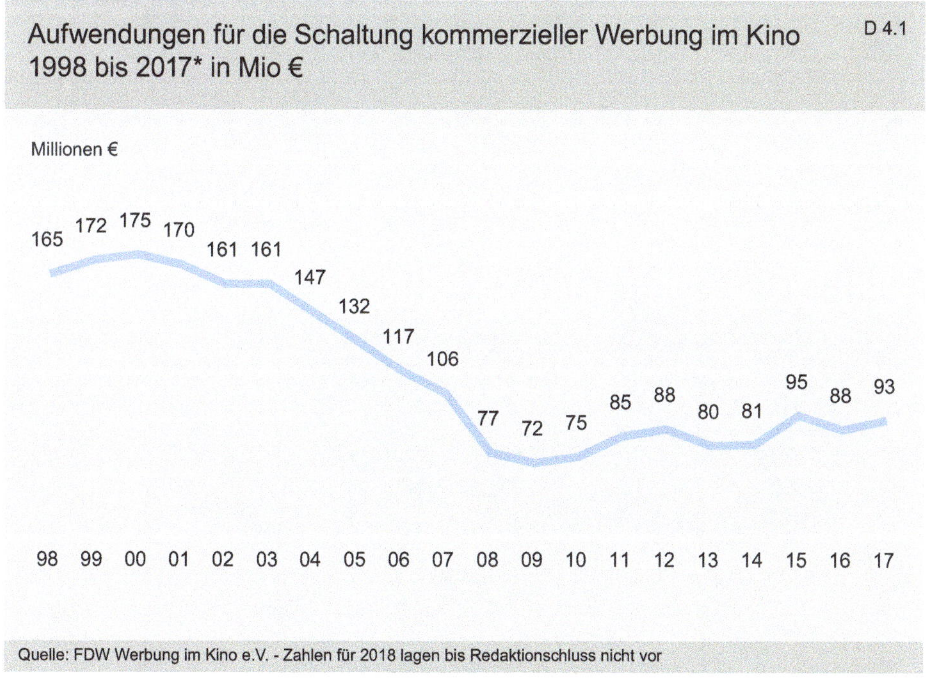

Quelle: FDW Werbung im Kino e.V. - Zahlen für 2018 lagen bis Redaktionschluss nicht vor

FSK-geprüfte Werbefilme 2009 bis 2018

D 4.2

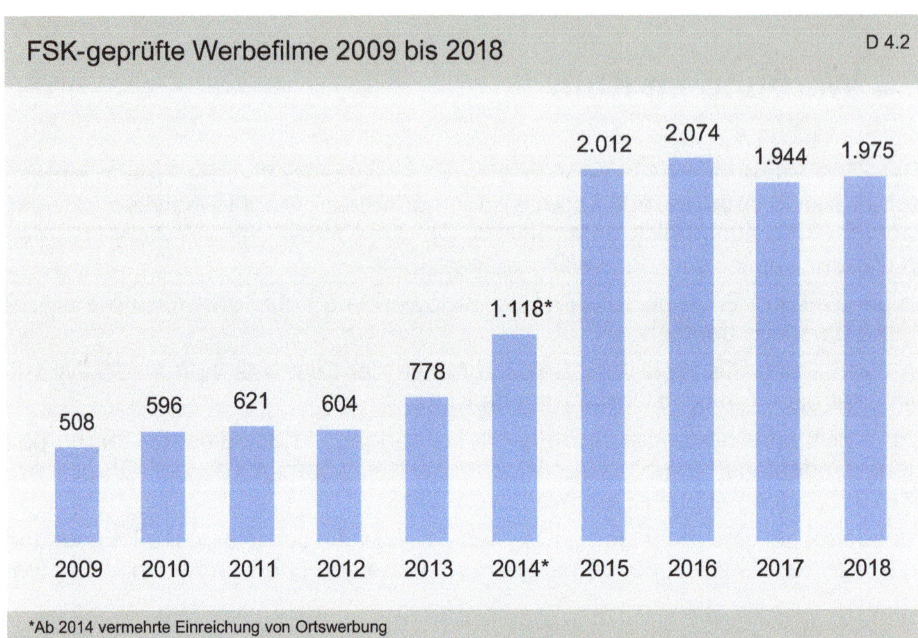

*Ab 2014 vermehrte Einreichung von Ortswerbung

Kinoreichweite* pro Woche nach Altersklassen im Jahr 2018 in %

D 4.3

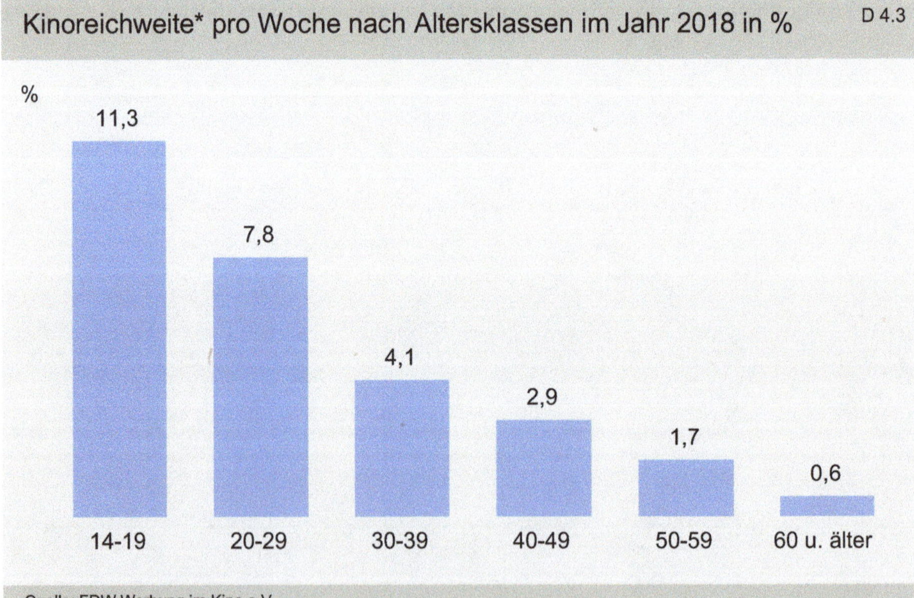

Quelle: FDW Werbung im Kino e.V.

*Eine Reichweite von 11,3% bei den 14-19-jährigen in der Media-Analyse 2019 I besagt, dass im Verlauf einer Woche durchschnittlich 11,3% dieser Altersgruppe mindestens einmal ins Kino gehen.

Kinoreichweite nach Freizeitaktivität im Jahr 2018

D 4.4

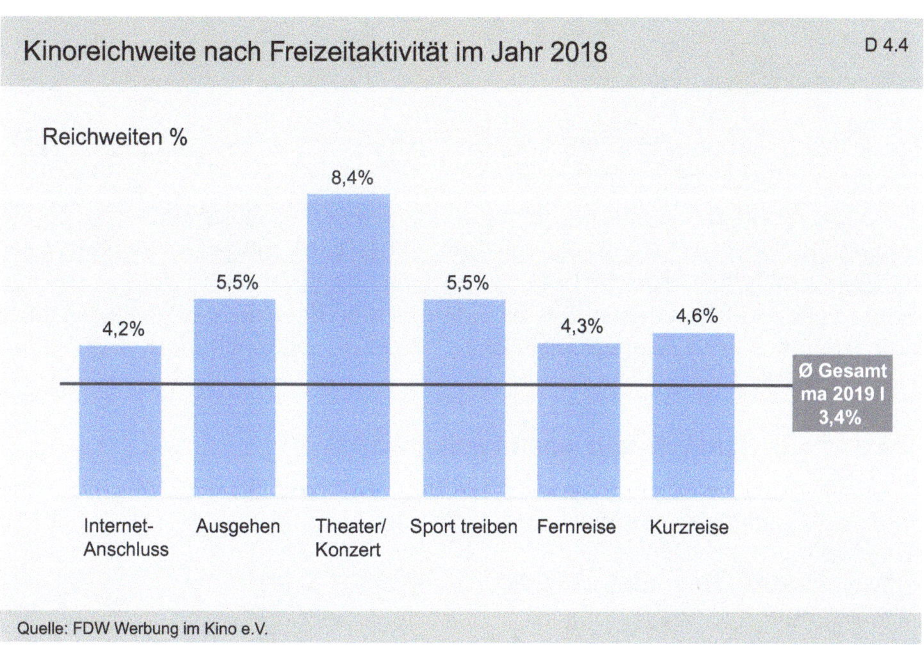

Quelle: FDW Werbung im Kino e.V.

Tabelle 4.1

Kinoreichweite* pro Woche nach Altersklassen 2009 bis 2018

Alter	Kinobesucher Reichweite in %									
	Media-Analyse aus dem Jahr									
	2009	2010	2011	2012	2013	2014	2015	2016	2017	2018
14-19	11,2	10,8	12,4	11,2	12,0	10,9	11,8	9,6	9,6	11,3
20-29	9,2	8,4	8,3	8,8	9,0	8,8	8,9	8,8	8,8	7,8
30-39	3,7	4,3	3,5	3,4	4,0	8,5	3,9	3,9	3,6	4,1
40-49	2,3	2,7	2,2	2,2	2,3	2,5	2,8	2,8	2,3	2,9
50-59	1,5	1,8	1,4	1,4	1,4	1,4	1,6	1,6	1,6	1,7
60 und älter	1,1	1,4	1,1	1,2	1,2	1,4	1,5	1,4	1,4	0,6

Quelle: FDW Werbung im Kino e.V.
*Eine Reichweite von 11,3% bei den 14-19-jährigen in der Media-Analyse 2018 besagt, dass im Verlauf einer Woche durchschnittlich 11,3% dieser Altersgruppe mindestens einmal ins Kino gehen.

5 Filmbesuch

Die Zahl der verkauften Kinotickets lag 2018 mit 105,4 Millionen (2017: 122,3 Millionen) 13,9% unter dem Vorjahr.

2018 gab es 24,6 Millionen Kinobesucher*, was einer Reichweite von 36,5% entspricht. Diese gingen im Durchschnitt 4,1 mal ins Kino. 63% der Bevölkerung ging 2018 gar nicht ins Kino.

Frauen und Mädchen besuchten mit 53% das Kino deutlich häufiger als Männer und Jungen. In der Altersgruppe 10-29 ist der Kinobesuch stark, bei älteren leicht rückläufig.

Die 5 erfolgreichsten deutschen Filme in 2018:

Filmtitel	Besuche in 2018	bis Juni 2019
Phantast. Tierwesen: Grindelwalds Verbrechen	3,6 Mio	3,9 Mio
The Avengers: Infinity War	3,4 Mio	3,5 Mio
Fifty Shades of Grey - Befreite Lust	3,0 Mio	3,0 Mio
Die Unglaublichen 2	2,9 Mio	2,9 Mio
Hotel Transsilvanien 3 - Ein Monsterurlaub	2,5 Mio	2,5 Mio

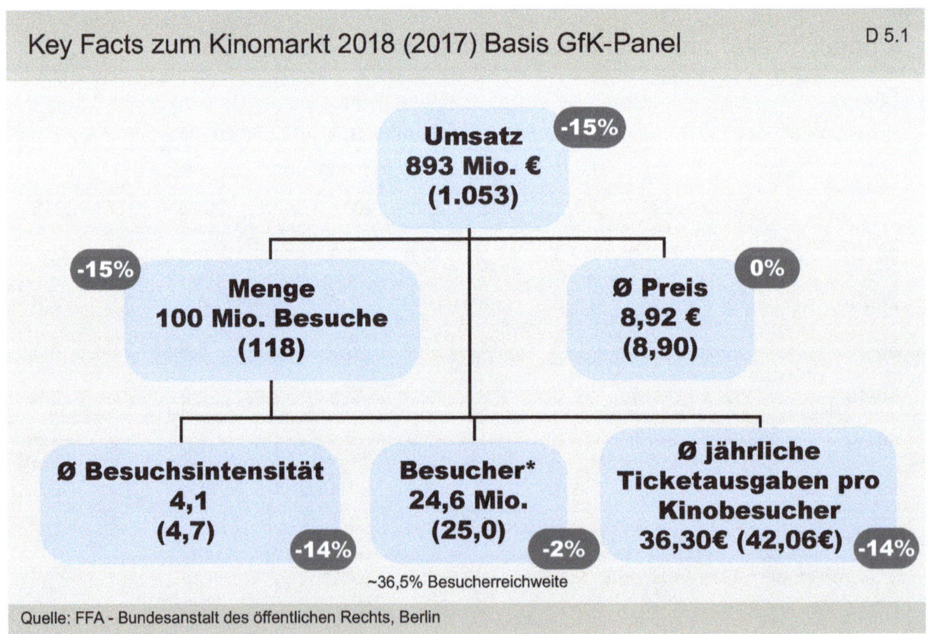

*Personen, die 2018 mindestens einmal einen Film im Kino gesehen haben

Filmbesuch in Deutschland 2009 bis 2018

D 5.2

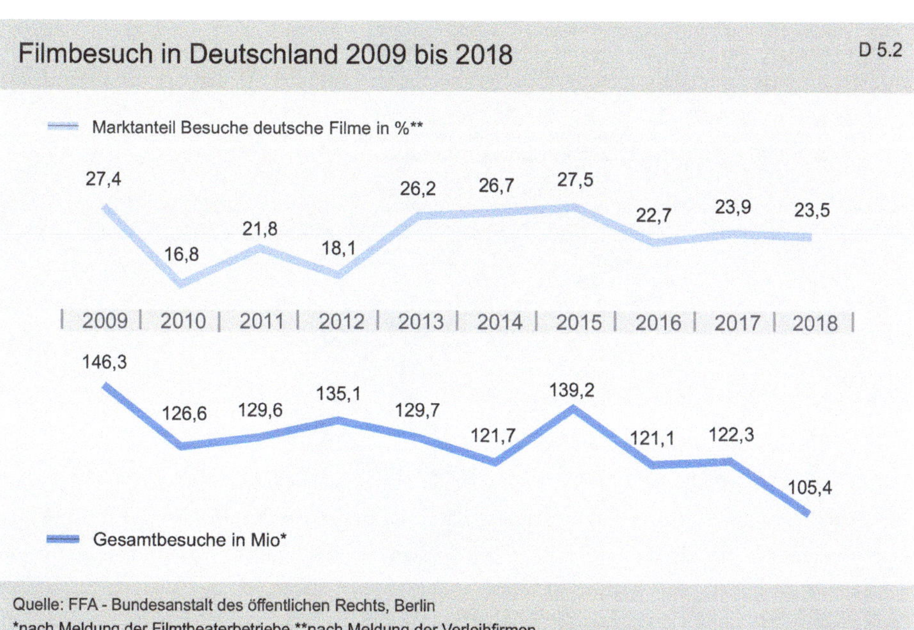

Quelle: FFA - Bundesanstalt des öffentlichen Rechts, Berlin
*nach Meldung der Filmtheaterbetriebe **nach Meldung der Verleihfirmen

Tabelle 5.1

Filmbesuch, durchschnittlicher Filmbesuch je Einwohner, Anteil Filmbesuch deutsche Filme und Filmbesuch 3D Filme 2009 bis 2018

Jahr	Besuche gesamt* in Mio	Ø jährliche Besuche je Einwohner	davon			
			Anteil Filmbesuch deutsche Filme**		Anteil Filmbesuch 3D Filme**	
			Mio	in %	Mio	in %
2009	146,3	1,8	39,9	27,4	-	-
2010	126,6	1,6	20,9	16,8	25,4	20,4
2011	129,6	1,6	27,9	21,8	29,3	22,8
2012	135,1	1,7	24,0	18,1	28,9	21,8
2013	129,7	1,6	33,6	26,2	31,3	24,4
2014	121,7	1,5	32,1	26,7	26,8	22,3
2015	139,2	1,7	37,1	27,5	29,6	21,9
2016	121,1	1,5	27,2	22,7	31,3	25,6
2017	122,3	1,5	28,3	23,9	25,5	21,5
2018	105,4	1,3	24,6	23,5	17,1	16,3

Quelle: FFA - Bundesanstalt des öffentlichen Rechts, Berlin / Meldungen der Filmtheaterbetriebe an die FFA
*Die Differenz der Gesamtbesucherzahl zwischen Tabelle 5.1, 5.2 und 5.3 beruht auf unterschiedlichen Erfassungssystemen. **Auf Basis von Verleihermeldungen an die FFA.

Marktanteil Besuche nach Herstellungsländern im Jahr 2018

D 5.3

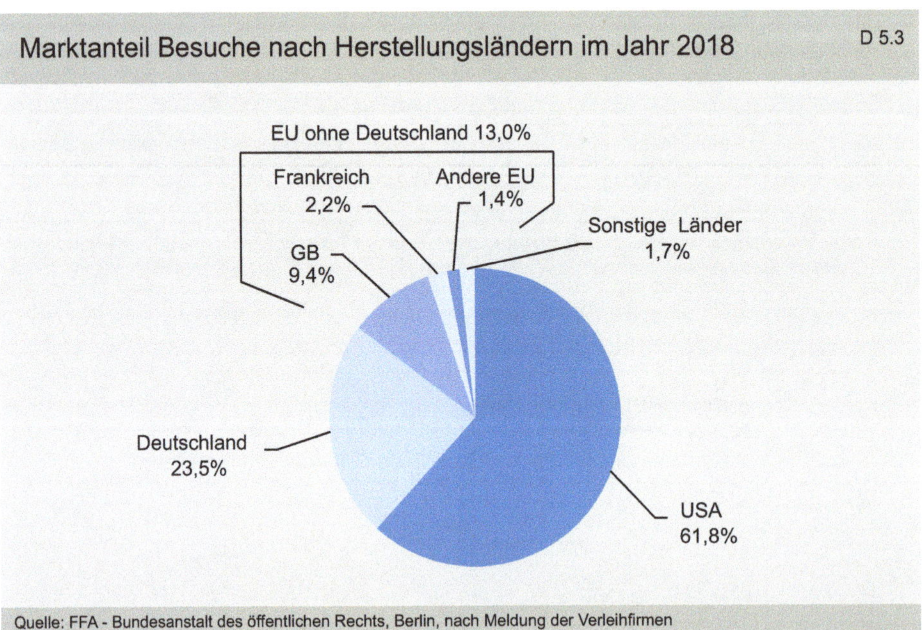

Quelle: FFA - Bundesanstalt des öffentlichen Rechts, Berlin, nach Meldung der Verleihfirmen

Tabelle 5.2

Marktanteil Besuche nach Herstellungsländern 2014 bis 2018

	2014		2015		2016		2017		2018	
Land	Mio	in %	Mio	in %	Mio	in %	Mio	in %	Mio	in %
USA	72,2	60,0	73,6	54,5	78,8	64,5	75,4	63,6	64,7	61,8
Deutschland	32,1	26,7	37,1	27,5	27,7	22,7	28,3	23,9	24,6	23,5
Großbritannien	5,2	4,3	15,0	11,1	7,2	5,9	7,7	6,5	9,9	9,4
Frankreich	8,0	6,7	5,4	4,0	6,0	4,9	4,5	3,8	2,3	2,2
Andere EU-Länder	0,9	0,7	0,9	0,7	0,9	0,7	1,1	0,9	1,4	1,4
EU-gesamt mit D	46,2	38,4	58,4	43,2	41,9	34,3	41,6	35,1	38,3	36,5
Sonstige Länder	1,9	1,6	3,1	2,3	1,5	1,3	1,6	1,3	1,7	1,7
gesamt*	120,3	100,0	135,0	100,0	122,2	100,0	118,6	100,0	104,7	100,0

Quelle: FFA - Bundesanstalt des öffentlichen Rechts, Berlin, nach Meldung der Verleihfirmen *Die Differenz der Gesamtbesucherzahl zwischen Tabelle 5.1, 5.2 und 5.3 beruht auf unterschiedlichen Erfassungssystemen.

Tabelle 5.3

Filmbesuch in Millionen 2014 bis 2018 nach Bundesländern

Bundesland	Filmbesuche in Mio					Veränd. 2018 zu 2017	jährliche Besuche je Einwohner
	2014	2015	2016	2017	2018	in %	
Baden-Württemberg	16,7	19,0	16,4	16,5	13,9	-15,7	1,26
Bayern	21,5	23,7	21,1	21,5	18,5	-14,1	1,42
Berlin	9,2	10,1	9,3	9,4	8,5	-10,1	2,33
Brandenburg	2,5	3,0	2,6	2,7	2,4	-13,1	0,94
Bremen	1,8	2,0	1,7	1,7	1,5	-12,3	2,22
Hamburg	4,0	4,4	4,0	4,0	3,5	-14,0	1,88
Hessen	9,4	10,7	9,3	9,3	8,0	-14,3	1,27
Meck.-Vorpommern	1,9	2,3	1,9	2,0	1,7	-15,1	1,06
Niedersachsen	10,4	12,3	10,3	10,4	9,0	-13,6	1,13
NRW	24,5	28,4	24,5	24,6	21,0	-14,4	1,17
Rheinland-Pfalz	5,1	6,0	5,1	5,1	4,4	-14,1	1,07
Saarland	1,2	1,4	1,1	1,1	0,9	-15,4	0,95
Sachsen	5,0	5,9	5,1	5,2	4,6	-12,1	1,12
Sachsen-Anhalt	2,6	3,1	2,7	2,7	2,3	-12,4	1,05
Schleswig-Holstein	3,6	4,2	3,6	3,6	3,1	-14,4	1,08
Thüringen	2,3	2,8	2,4	2,4	2,1	-11,5	0,99
gesamt*	121,7	139,2	121,1	122,3	105,4	-13,9	1,27

Quelle: FFA - Bundesanstalt des öffentlichen Rechts, Berlin, nach Meldung der Filmtheaterbetriebe
*Die Differenz der Gesamtbesucherzahl zwischen Tabelle 5.1, 5.2 und 5.3 beruht auf unterschiedlichen Erfassungssystemen.

Durchschnittlicher Filmbesuch in Mio 2009 bis 2018 nach Monaten

D 5.4

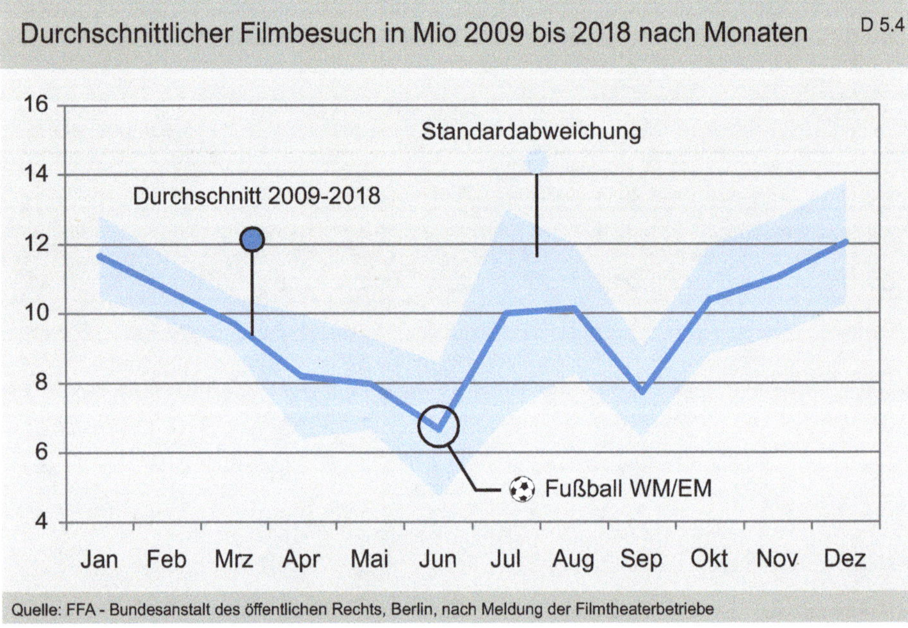

Quelle: FFA - Bundesanstalt des öffentlichen Rechts, Berlin, nach Meldung der Filmtheaterbetriebe

Tabelle 5.4

Im Jahr 2018 erstaufgeführte deutsche Langfilme nach Besucherklassen

Besucherklassen	Filme			Filmbesuche		
	Total	in %	in % kumuliert	Total in Mio	in %	in % kumuliert
über 1 Mio	5	2,2	2,2	6,8	32,1	32,1
über 500.000 bis 1 Mio	9	3,9	6,1	6,2	29,4	61,5
über 200.000 bis 500.000	12	5,3	11,4	4,0	18,8	80,3
über 100.000 bis 200.000	15	6,6	18,0	2,2	10,2	90,5
über 50.000 bis 100.000	8	3,5	21,5	0,6	2,7	93,2
über 20.000 bis 50.000	21	9,2	30,7	0,7	3,1	96,3
unter 20.000	158	69,3	100,0	0,8	3,7	100,0
gesamt	228	100,0		21,2	100,0	

Quelle: FFA - Bundesanstalt des öffentlichen Rechts, Berlin, nach Meldung der Verleihfirmen

Tabelle 5.5

TOP 40 deutsche Langfilme im Jahr 2018*

	Filmtitel	Regie	Start	Verleih	Besuche*
1	Jim Knopf & Lukas der Lokomotivführer	Dennis Gansel	29.03.2018	Warner Bros.	1.813.006
2	Die kleine Hexe	Michael Schaerer	01.02.2018	Studiocanal	1.582.668
3	Dieses bescheuerte Herz	Marc Rothemund	21.12.2017	Constantin	1.417.681
4	Der Vorname	Sönke Wortmann	18.10.2018	Constantin	1.272.832
5	Klassentreffen 1.0 - die unglaubliche ...	Til Schweiger	20.09.2018	Warner Bros.	1.134.830
6	Sauerkrautkoma	Ed Herzog	09.08.2018	Constantin	1.004.707
7	100 Dinge	Florian David Fitz	06.12.2018	Warner Bros.	963.317
8	Hilfe, ich hab meine Eltern geschrumpft	Tim Trageser	18.01.2018	Sony	858.498
9	25 km/h	Markus Goller	31.10.2018	Sony	855.040
10	Ballon	Michael Herbig	27.09.2018	Studiocanal	758.910
11	Der Junge muss an die frische Luft	Caroline Link	25.12.2018	Warner Bros.	752.145
12	Fünf Freunde und das Tal der Dinosaurier	Mike Marzuk	15.03.2018	Constantin	533.788
13	Pettersson & Findus: Findus zieht um	Ali Samadi Ahadi	13.09.2018	Wild Bunch	518.983
14	Das schönste Mädchen der Welt	Aron Lehmann	06.09.2018	Tobis	503.338
15	Hot dog	Torsten Künstler	18.01.2018	Warner Bros.	500.064
16	Papst Franziskus - ein Mann seines Wortes	Wim Wenders	14.06.2018	Universal	495.082
17	Liliane Susewind - ein tierisches Abenteuer	Joachim Masannek	10.05.2018	Sony	471.170
18	Wendy 2 - Freundschaft für immer	Hanno Olderdissen	22.02.2018	Sony	388.964
19	Tabaluga - der Film	Sven Unterwaldt	06.12.2018	Sony	365.109
20	Gundermann	Andreas Dresen	23.08.2018	Pandora	334.074
21	Die Biene Maja - die Honigspiele	A. Stadermann, N. Cleary	01.03.2018	Universum	327.942
22	Aus dem Nichts	Fatih Akin	23.11.2017	Warner Bros.	326.384
23	Meine teuflisch gute Freundin	Marco Petry	28.06.2018	Wild Bunch	321.553
24	3 Tage in Quiberon	Emily Atef	12.04.2018	Prokino	289.133
25	Das schweigende Klassenzimmer	Lars Kraume	01.03.2018	Studiocanal	283.988
26	Luis und die Aliens	C. Lauenstein, W. Lauenstein	24.05.2018	Majestic	272.453
27	Mackie Messer - Brechts 3Groschenfilm	Joachim Lang	13.09.2018	Wild Bunch	225.842
28	Werk ohne Autor	Florian von Donnersmarck	03.10.2018	Walt Disney	225.647
29	Weit. Die Geschichte von einem Weg...	G. Weisser, P. Allgeier	08.06.2017	Weit	192.667
30	Abgeschnitten	Christian Alvart	11.10.2018	Warner Bros.	192.046
31	Vielmachglas	Florian Ross	08.03.2018	Warner Bros.	190.221
32	Fack ju Göhte 3	Bora Dagtekin	26.10.2017	Constantin	188.185
33	Grüner wird's nicht, sagte der Gärtner...	Florian Gallenberger	30.08.2018	Majestic	187.564
34	Heilstätten	Michael David Pate	22.02.2018	Fox	182.336
35	303	Hans Weingartner	19.07.2018	Alamode	162.774
36	Der kl. Drache Kokosnuss ... Dschungel	Anthony Power	27.12.2018	Universum	145.709
37	Der Trafikant	Nikolaus Leytner	01.11.2018	Tobis	144.006
38	Nur Gott kann mich richten	Özgür Yildirim	25.01.2018	Constantin	134.162
39	Isle of dogs - Ataris raise	Wes Anderson	10.05.2018	Fox	129.279
40	Arthur & Claire	Miguel Alexandre	08.03.2018	Universum	128.594

Quelle: FFA - Bundesanstalt des öffentlichen Rechts, Berlin, nach Meldung der Verleihfirmen

*Gezählt wurden nur die in 2018 erzielten Besuche.

Tabelle 5.

TOP 40 internationale Langfilme im Jahr 2018*

	Filmitel	Land	Start	Verleih	Besuche*
1	Phantastische Tierwesen: Grindelwalds...	USA	15.11.2018	Warner Bros.	3.589.309
2	Avengers: Infinity War	USA	26.04.2018	Walt Disney	3.399.185
3	Fifty shades of grey - befreite Lust	USA	08.02.2018	Universal	3.007.580
4	Die Unglaublichen 2	USA	27.09.2018	Walt Disney	2.916.732
5	Hotel Transsilvanien 3 - Ein Monster Urlaub	USA	16.07.2018	Sony	2.538.116
6	Jurassic World: Das gefallene Königreich	USA	06.06.2018	Universal	2.403.661
7	Deadpool 2	USA	17.05.2018	Fox	2.242.445
8	Mamma mia! Here we go again	USA/GB	19.07.2018	Universal	2.179.839
9	Bohemian Rhapsody	GB/USA	31.10.2018	Fox	2.049.780
10	Der Grinch	USA	29.11.2018	Universal	1.966.133
11	Jim Knopf & Lukas der Lokomotivführer	D/USA	29.03.2018	Warner Bros.	1.813.006
12	Black Panther	USA	15.02.2018	Walt Disney	1.797.443
13	Die kleine Hexe	D/CH	01.02.2018	Studiocanal	1.582.668
14	Peter Hase	USA	22.03.2018	Sony	1.526.827
15	Star Wars: Die letzten Jedi	USA	14.12.2017	Walt Disney	1.509.581
16	Dieses bescheuerte Herz	D	21.12.2017	Constantin	1.417.681
17	Venom	USA	03.10.2018	Sony	1.373.487
18	Solo: A Star Wars Story	USA	24.05.2018	Walt Disney	1.364.133
19	Mission: impossible - Fallout	USA	02.08.2018	Paramount	1.285.749
20	Der Vorname	D	18.10.2018	Constantin	1.272.832
21	Wunder	USA	25.01.2018	Studiocanal	1.235.863
22	Jumanji: Willkommen im Dschungel	USA	21.12.2017	Sony	1.223.108
23	Die Verlegerin	USA	22.02.2018	Universal	1.194.914
24	Klassentreffen 1.0 - die unglaubliche...	D/DK	20.09.2018	Warner Bros.	1.134.830
25	Halloween	USA	25.10.2018	Universal	1.077.646
26	Der Nussknacker und die vier Reiche	USA	01.11.2018	Walt Disney	1.055.271
27	Paddington 2	GB/F	23.11.2017	Studiocanal	1.021.761
28	Aquaman	USA	20.12.2018	Warner Bros.	1.005.142
29	Sauerkrautkoma	D	09.08.2018	Constantin	1.004.707
30	Red Sparrow	USA	01.03.2018	Fox	983.036
31	100 Dinge	D	06.12.2018	Warner Bros.	963.317
32	Johnny English - man lebt nur dreimal	GB/F/USA	18.10.2018	Universal	947.435
33	A Star is born	USA	04.10.2018	Warner Bros.	944.915
34	The Nun	USA	06.09.2018	Warner Bros.	921.174
35	Hilfe, ich hab meine Eltern geschrumpft	D/AT	18.01.2018	Sony	858.498
36	25 km/h	D	31.10.2018	Sony	855.040
37	Ant-Man and the Wasp	USA	26.07.2018	Walt Disney	822.425
38	Three billboards outside Ebbing, Missouri	USA/GB	25.01.2018	Fox	797.806
39	Ocean's 8	USA	21.06.2018	Warner Bros.	789.416
40	The Equalizer 2	USA	16.08.2018	Sony	787.062

Quelle: FFA - Bundesanstalt des öffentlichen Rechts, Berlin, nach Meldung der Verleihfirmen
*Gezählt wurden nur die in 2018 erzielten Besuche.

Kinobesucher nach Sinus-Milieus im Jahr 2018 Basis: Deutschsprachige Bevölkerung 14+

D 5.5

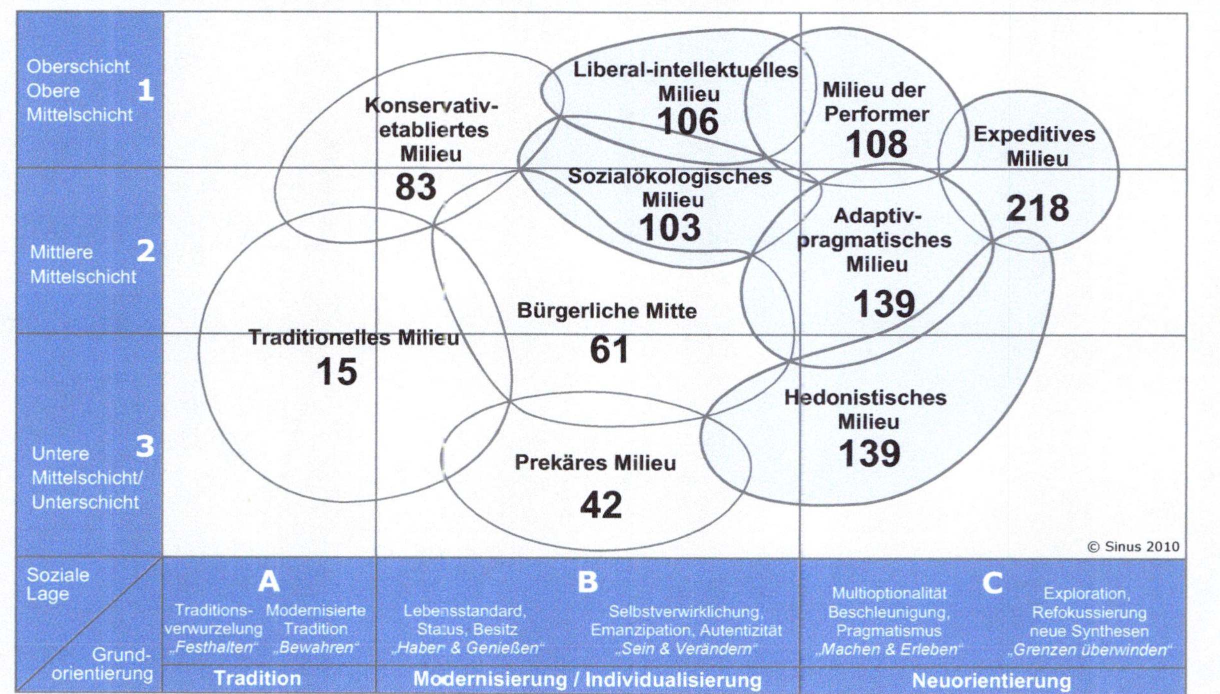

Die Grafik beschreibt den Unterschied der Gruppe der Kinogänger in der Aufteilung auf die Sinus-Milieus im Vergleich mit der Aufteilung in der Gesamtbevölkerung. Lesebeispiel: In der Gruppe der bürgerlichen Mitte sind die Kinogänger deutlich weniger vertreten (Index=61) als in der Gesamtbevölkerung (Index=100)

Quelle: FDW Werbung im Kino e.V. / Sinus / ma 2019

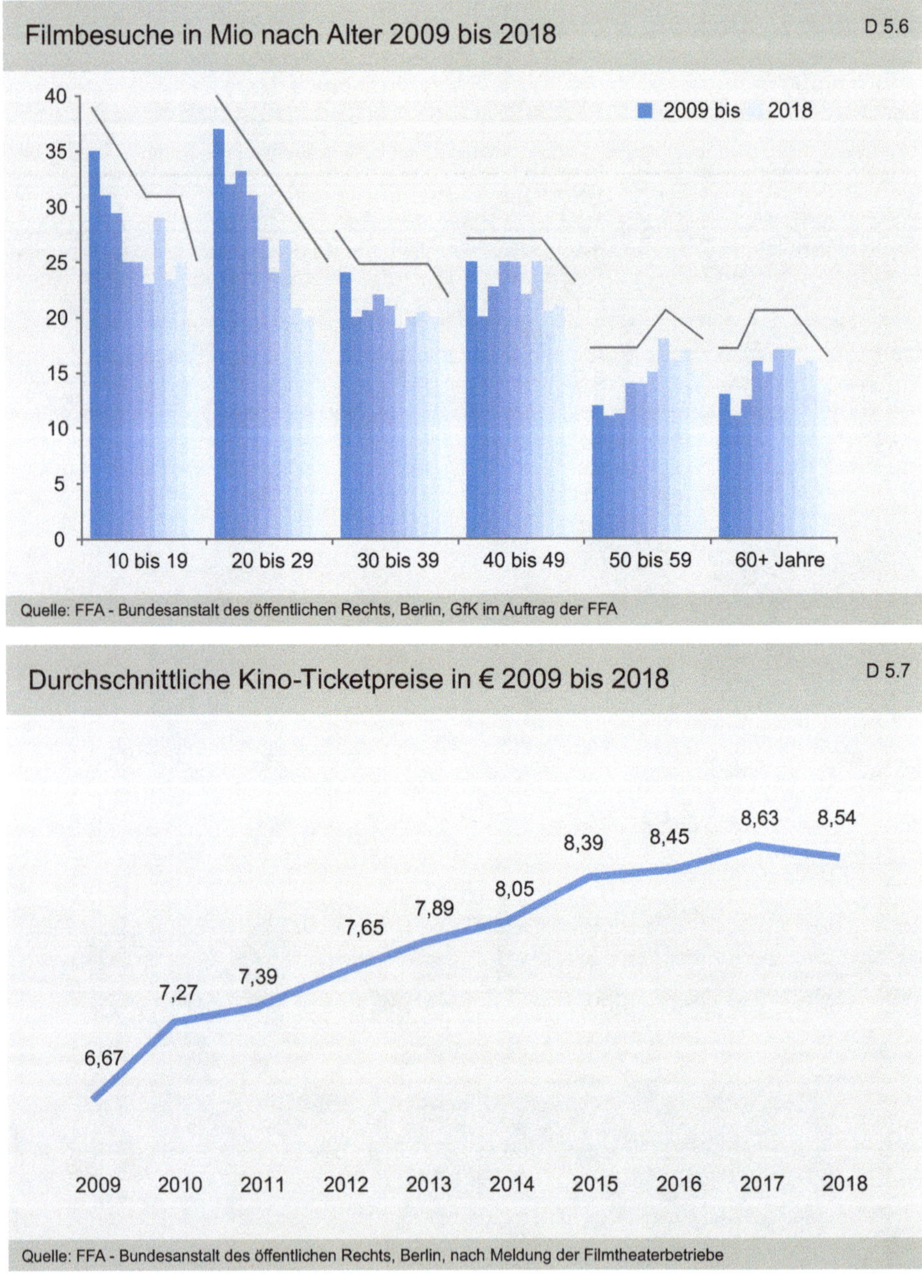
Filmbesuche in Mio nach Alter 2009 bis 2018
D 5.6
2009 bis 2018
40
35
30
25
20
15
10
5
0
10 bis 19
20 bis 29
30 bis 39
40 bis 49
50 bis 59
60+ Jahre
Quelle: FFA - Bundesanstalt des öffentlichen Rechts, Berlin, GfK im Auftrag der FFA
Durchschnittliche Kino-Ticketpreise in € 2009 bis 2018
D 5.7
6,67
7,27
7,39
7,65
7,89
8,05
8,39
8,45
8,63
8,54
2009
2010
2011
2012
2013
2014
2015
2016
2017
2018
Quelle: FFA - Bundesanstalt des öffentlichen Rechts, Berlin, nach Meldung der Filmtheaterbetriebe

Besucher, Reichweite und Besuchsintensität 2013 bis 2018

D 5.8

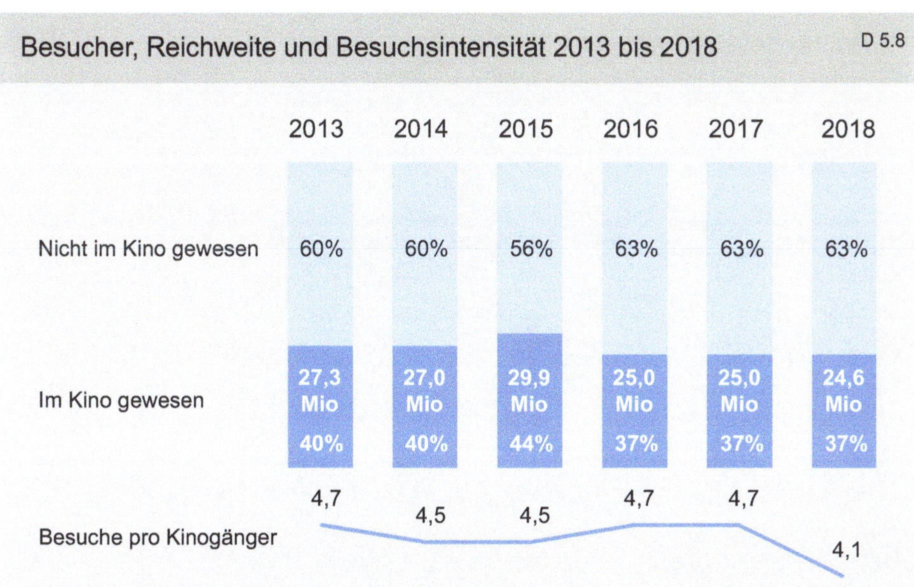

Quelle: FFA - Bundesanstalt des öffentlichen Rechts, Berlin, GfK im Auftrag der FFA

Besuchsintensität 2018

D 5.9

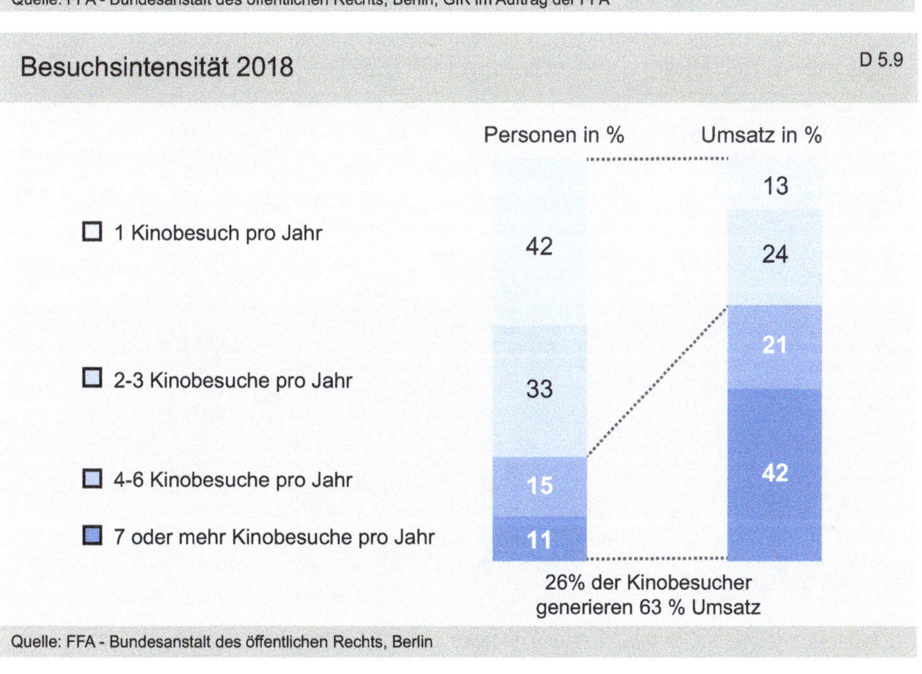

Quelle: FFA - Bundesanstalt des öffentlichen Rechts, Berlin

Besuchsintensität nach Alter 2013 bis 2018

D 5.10

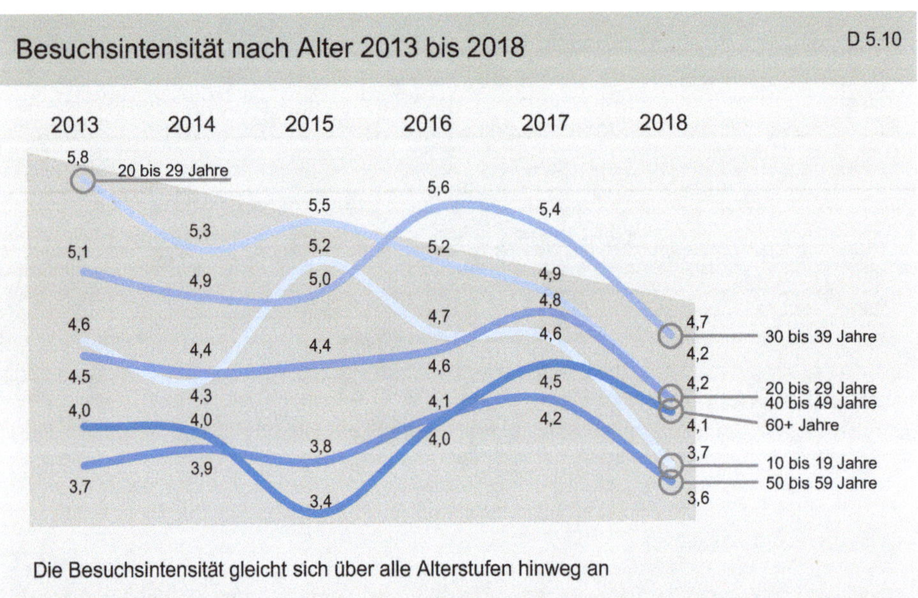

Quelle: FFA - Bundesanstalt des öffentlichen Rechts, Berlin, GfK im Auftrag der FFA

Ausgaben für Tickets und Verzehr in Mio € 2011 bis 2018

D 5.11

	2011	2012	2013	2014	2015	2016	2017	2018	Vgl 2018 mit 2011
Gesamtausgaben	1.401	1.479	1.475	1.429	1.710	1.494	1.570	1.339	
Ausgaben für Verzehr	453	452	459	448	549	474	517	446	- 2%
Ausgaben für Tickets	948	1027	1016	981	1.161	1.021	1.053	893	- 6%
Anteil Verzehr an Gesamtausgaben	32%	31%	31%	31%	32%	32%	33%	33%	
Anteil verzehrender Personen	53%	52%	55%	55%	57%	56%	59%	59%	

Quelle: FFA - Bundesanstalt des öffentlichen Rechts, Berlin, GfK im Auftrag der FFA

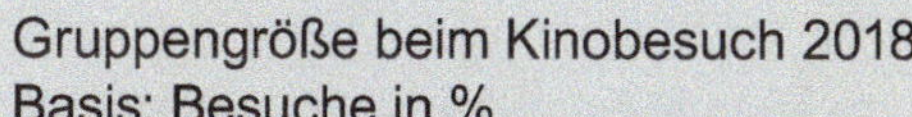

Gruppengröße beim Kinobesuch 2018
Basis: Besuche in %

D 5.12

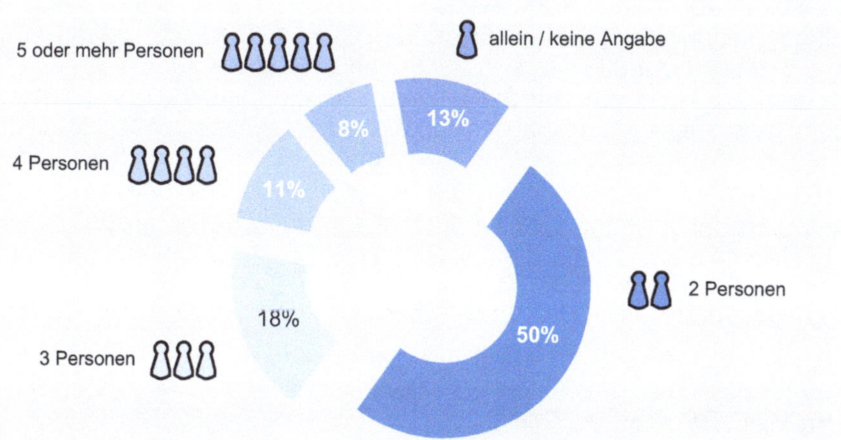

Quelle: FFA - Bundesanstalt des öffentlichen Rechts, Berlin, GfK im Auftrag der FFA

Gründe für den Kinobesuch 2018

D 5.13

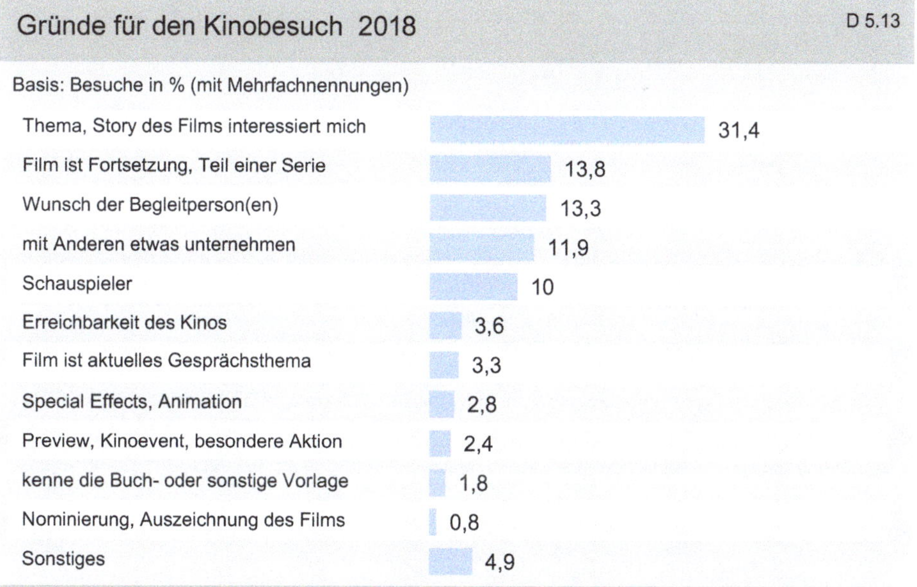

Quelle: FFA - Bundesanstalt des öffentlichen Rechts, Berlin, GfK im Auftrag der FFA

6 Video

Der Gesamtumsatz 2018 im Videomarkt betrug 2,03 Milliarden € (11% Zuwachs gegenüber 2018: 1,83 Milliarden €).

Einem Rückgang um 21% im physischen Bereich (DVD und Blu-ray) von 1.057 Mio € in 2017 auf 833 Mio € in 2018 stand ein Zuwachs von 56% im Online-Bereich (EST*, TVoD* und SVoD*) von 768 Mio € in 2017 auf 1.201 Mio € in 2018 gegenüber. Vor allem der hohe Zuwachs im Bereich SVoD* (+77%) ist hier ausschlaggebend. Der Online Sektor hat sich in den letzten 5 Jahren versechsfacht und hat den physischen Sektor erstmals überholt.

Im Durchschnitt kostete eine DVD 11,75 €, (23 Cent mehr als 2017), eine Blu-ray Disc 14,12 € (26 Cent mehr als 2017). Die durchschnittliche monatliche Abo-Gebühr bei allen SVoD-Anbietern betrug 5,59 €, das sind 1,31€ oder 31% mehr als 2017.

Entwicklung der Umsätze im Entertainment-Sektor**
Vergleich 2018 mit 2017 in % D 6.1

	Gesamt	Physisch	Digital
Homevideo	+12%	-21%	+56%
Kino	-15%		
Games	+23%	-9%	+41%
Musik	+-0%	-19%	+22%
Bücher	+1%	-1%	+16%
Gesamtmarkt	+6%		

**Gesamtmarkt: Homevideo inkl. Streaming wie z.B. SVoD; Musik inkl. Musikvideos; Bücher inkl. Hörbücher und E-Books

Quelle: BVV - Bundesverband Audiovisuelle Medien e.V., Hamburg
FFA - Bundesanstalt des öffentlichen Rechts, Berlin GfK im Auftrag der FFA

*Elektronische Vertriebsformen von Filminhalten ohne Bildträger
Verkauf: EST = Electronic sell through
Verleih: TVoD = Transactional Video on Demand (Einzelntransaktion)
SVoD = Subscriptional Video on Demand (Abonnement)

Umsatzentwicklung im Videomarkt 2009 bis 2018 in Millionen €

D 6.2

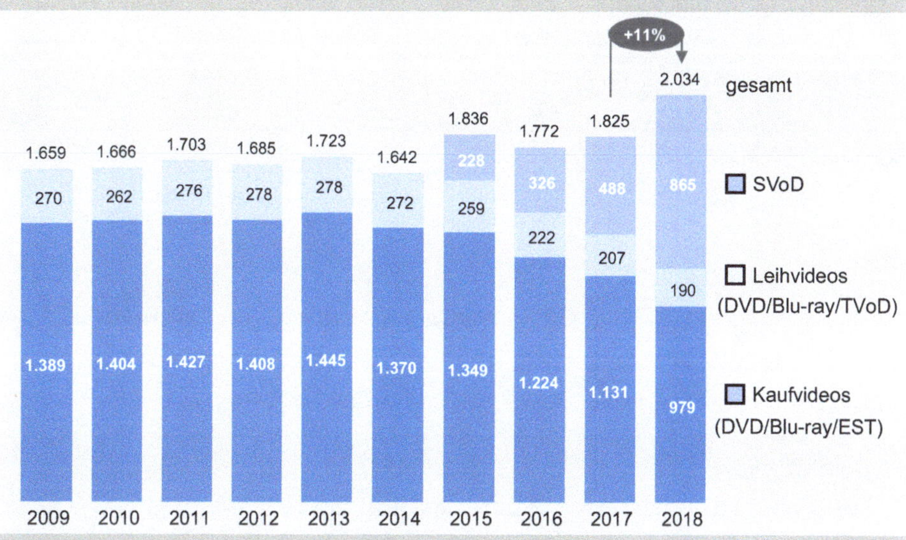

Quelle: FFA - Bundesanstalt des öffentlichen Rechts, Berlin, GfK im Auftrag der FFA

Tabelle 6.1

Umsätze im Videomarkt 2014 bis 2018 in Millionen €

Umsatz aus...

	Verkauf			Verleih			Abo	
Jahr	DVD	Blu-ray	EST*	DVD	Blu-ray	TVoD*	SVoD*	gesamt
2014	899	405	67	132	56	83	52	1.694
2015	829	418	101	114	51	94	228	1.836
2016	715	391	118	79	42	101	326	1.772
2017	610	364	157	56	28	123	488	1.825
2018	480	303	197	33	18	139	865	2.034
Vergleich 2018 ggü. 2017	-21%	-17%	25%	-41%	-36%	13%	77%	11%

Quelle: BVV - Bundesverband Audiovisuelle Medien e.V., Hamburg
FFA - Bundesanstalt des öffentlichen Rechts, Berlin, GfK im Auftrag der FFA

*Elektronische Vertriebsformen von Filminhalten ohne Bildträger
Verkauf: EST = Electronic sell through
Verleih: TVoD = Transactional Video on Demand (Einzeltransaktion)
SVoD = Subscriptional Video on Demand (Abonnement)

Die SVoD - Zahlen von 2012-2014 beruhen auf einer anderen methodischen Grundlage als die Zahlen 2015 ff. und sind somit nur bedingt miteinander vergleichbar.

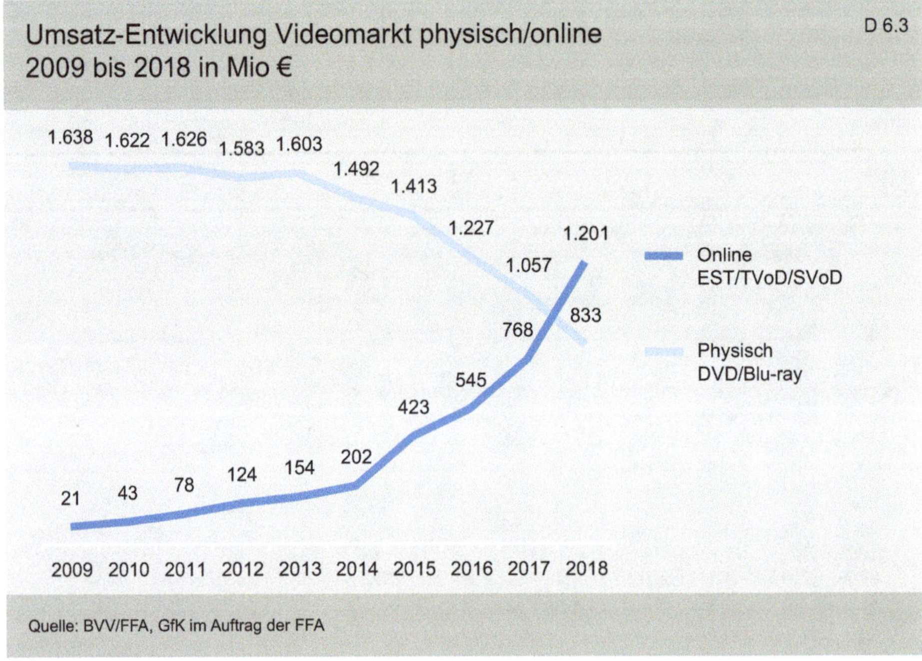

Umsatz-Entwicklung Videomarkt physisch/online
2009 bis 2018 in Mio €
D 6.3
1.638 1.622 1.626 1.583 1.603 1.492 1.413 1.227 1.057 833
21 43 78 124 154 202 423 545 768 1.201
Online
EST/TVoD/SVoD
Physisch
DVD/Blu-ray
2009 2010 2011 2012 2013 2014 2015 2016 2017 2018
Quelle: BVV/FFA, GfK im Auftrag der FFA

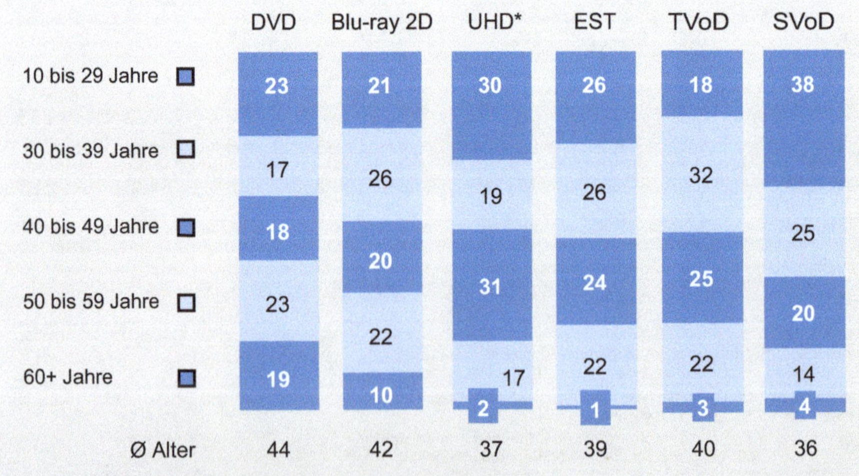

Ausgaben für Home-Entertainment nach Alter
und Video-Format 2018 in %
D 6.4
DVD
Blu-ray 2D
UHD*
EST
TVoD
SVoD
10 bis 29 Jahre
30 bis 39 Jahre
40 bis 49 Jahre
50 bis 59 Jahre
60+ Jahre
23 21 30 26 18 38
17 26 19 26 32 25
18 20 31 24 25 20
23 22 17 22 22 14
19 10 2 1 3 4
Ø Alter
44 42 37 39 40 36
Quelle: BVV - Bundesverband Audiovisuelle Medien e.V., Hamburg
FFA - Bundesanstalt des öffentlichen Rechts, Berlin, GfK im Auftrag der FFA
*Ultra High Definition Disc

Durchschnittspreise nach Format 2014 bis 2018 in € D 6.5

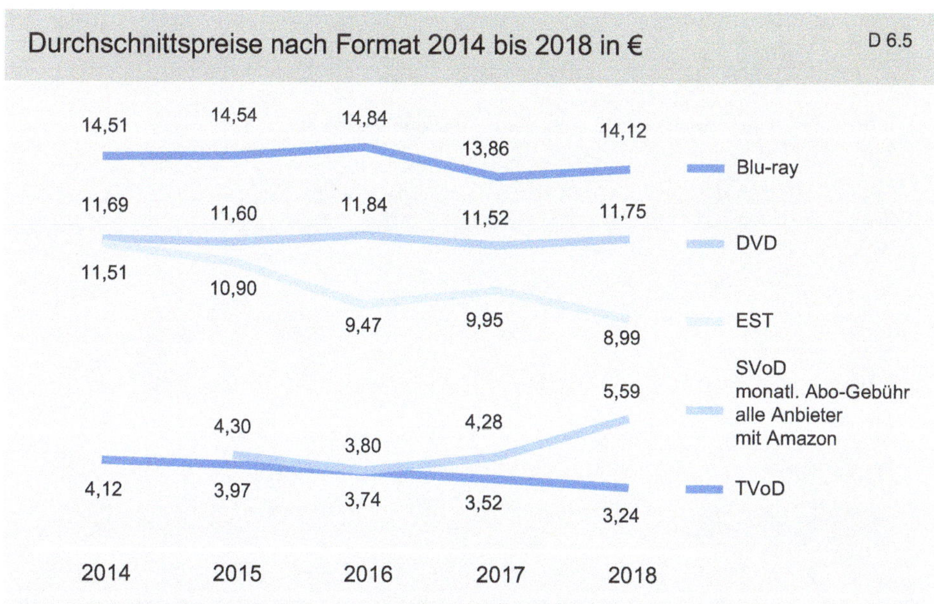

Quelle: BVV - Bundesverband Audiovisuelle Medien e.V., Hamburg
FFA - Bundesanstalt des öffentlichen Rechts, Berlin, GfK im Auftrag der FFA

Reichweite 2016 bis 2018 in Mio Personen und in % D 6.6

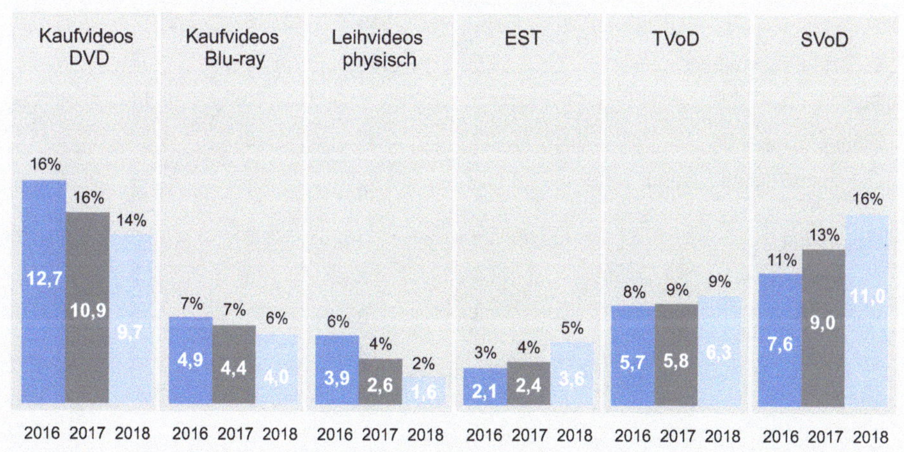

Quelle: BVV - Bundesverband Audiovisuelle Medien e.V., Hamburg
FFA - Bundesanstalt des öffentlichen Rechts, Berlin, GfK im Auftrag der FFA

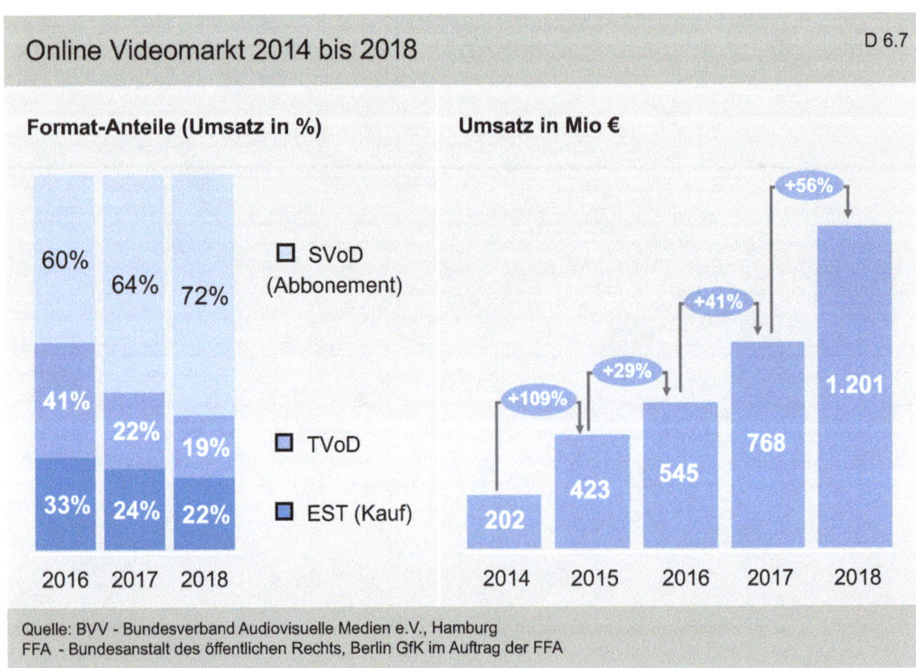

Tabelle 6.2

Video-Umsatz Verkauf nach Vertriebskanal 2014 bis 2018 in %

Vertriebskanal	2014	2015	2016	2017	2018
DVD/Blu-ray via Internet	35	36	38	38	37
EST	5	7	10	14	20
Elektrofachmärkte	33	30	28	25	22
Lebensmitteleinzelhandel ohne Discounter	9	8	7	7	7
Discounter	3	3	2	3	2
Drogeriemärkte	9	8	8	7	6
Buchhandel	4	3	3	3	3
Sonstige	3	4	4	3	3
gesamt	100	100	100	100	100

Quelle: BVV - Bundesverband Audiovisuelle Medien e.V., Hamburg
FFA - Bundesanstalt des öffentlichen Rechts, Berlin, GfK im Auftrag der FFA

Tabelle 6.3

TOP 40 verkaufte Filme auf DVD/Blu-ray im Jahr 2018

Rang	Filmtitel	Anbieter
1	Star Wars: Episode VIII - Die letzten Jedi	Sony Pictures
2	Thor: Tag der Entscheidung	Walt Disney Studios
3	Fack Ju Göhte 3	Highlight
4	Avengers: Infinity War	Walt Disney Studios
5	Solo: A Star Wars Story	Walt Disney Studios
6	Fifty Shades of Grey 3 - Befreite Lust	Universal
7	Jurassic World: Das gefallene Königreich	Universal
8	ES (2017)	Warner Home Video
9	Black Panther (2018)	Walt Disney Studios
10	Deadpool 2	Tw. Century Fox
11	Jumanji: Willkommen im Dschungel	Sony Pictures
12	Phantastische Tierwesen und wo sie zu finden sind	Warner Home Video
13	Justice League (2017)	Warner Home Video
14	Blade Runner 2049	Sony Pictures
15	Coco - Lebendiger als das Leben!	Walt Disney Studios
16	Mamma Mia! Here we go again	Universal
17	Greatest Showman	Tw. Century Fox
18	Game of Thrones - Season 7	Warner Home Video
19	Spider-Man: Homecoming	Sony Pictures
20	Tomb Raider (2018)	Warner Home Video
21	Ant-Man and the Wasp	Walt Disney Studios
22	Kingsman: The Golden Circle	Tw. Century Fox
23	Fifty Shades of Grey 2 - Gefährliche Liebe	Universal
24	Guardians of the Galaxy Vol. 2	Walt Disney Studios
25	Jim Knopf & Lukas der Lokomotivführer	Warner Home Video
26	Cars 3: Evolution	Walt Disney Studios
27	Rampage: Big Meets Bigger	Warner Home Video
28	Pacific Rim: Uprising	Universal
29	Harry Potter Complete Collection Jahre 1-7	Warner Home Video
30	Ready Player One	Warner Home Video
31	Maze Runner: Die Auserwählten in der Todeszone	Tw. Century Fox
32	Vaiana - Das Paradies hat einen Haken	Walt Disney Studios
33	Deadpool	Tw. Century Fox
34	Die kleine Hexe (2017)	STUDIOCANAL
35	Pirates of the Caribbean: Salazars Rache	Walt Disney Studios
36	Doctor Strange	Walt Disney Studios
37	Die Schöne und das Biest (2017)	Walt Disney Studios
38	Hotel Transsilvanien 3 - Ein Monster Urlaub	Sony Pictures
39	Mission: Impossible - Fallout	Paramount
40	Fast & Furious 8	Universal

Quelle: BVV - Bundesverband Audiovisuelle Medien e.V., Hamburg
FFA - Bundesanstalt des öffentlichen Rechts, Berlin GfK im Auftrag der FFA

Tabelle 6.4

TOP 40 verliehene Filme auf DVD/Blu-ray im Jahr 2018

Rang	Filmtitel	Anbieter
1	Jumanji: Willkommen im Dschungel	Sony Pictures
2	Thor: Tag der Entscheidung	Walt Disney Studios
3	Jurassic World: Das gefallene Königreich	Universal
4	Black Panther (2018)	Walt Disney Studios
5	Rampage: Big Meets Bigger	Warner Home Video
6	Deadpool 2	Tw. Century Fox
7	Avengers: Infinity War	Walt Disney Studios
8	Kingsman: The Golden Circle	Tw. Century Fox
9	Tomb Raider (2018)	Warner Home Video
10	Fack Ju Göhte 3	Highlight
11	Skyscraper	Universal
12	Blade Runner 2049	Sony Pictures
13	Pacific Rim: Uprising	Universal
14	Death Wish	universum film
15	Justice League (2017)	Warner Home Video
16	The Commuter	STUDIOCANAL
17	Star Wars: Episode VIII - Die letzten Jedi	Walt Disney Studios
18	ES (2017)	Warner Home Video
19	Red Sparrow	Tw. Century Fox
20	Killer's Bodyguard - Leben am Abzug!	EuroVideo
21	Solo: A Star Wars Story	Walt Disney Studios
22	Barry Seal - Only in America	Universal
23	Geostorm	Warner Home Video
24	Schneemann	Universal
25	Der dunkle Turm	Sony Pictures
26	Criminal Squad	EuroVideo
27	The Circle (2017)	universum film
28	Maze Runner: Die Auserwählten in der Todeszone	Tw. Century Fox
29	Ant-Man and the Wasp	Walt Disney Studios
30	American Assassin	STUDIOCANAL
31	Mission: Impossible - Fallout	Paramount
32	Atomic Blonde	Universal
33	Mord im Orient Express (2017)	Tw. Century Fox
34	The Equalizer 2	Sony Pictures
35	12 Strong - Die wahre Geschichte der US-Horse Sold	EuroVideo
36	Coco - Lebendiger als das Leben!	Walt Disney Studios
37	Wind River	universum film
38	Jigsaw (2017)	STUDIOCANAL
39	A Quiet Place	Paramount
40	Planet der Affen: Survival	Tw. Century Fox

Quelle: BVV - Bundesverband Audiovisuelle Medien e.V., Hamburg
FFA - Bundesanstalt des öffentlichen Rechts, Berlin, GfK im Auftrag der FFA

7 Freiwillige Selbstkontrolle der Filmwirtschaft (FSK)

Die FSK befindet sich seit ihrer Gründung 1949 in Rechts- und Verwaltungsträgerschaft der SPIO e.V. Seit 2002 firmiert sie als FSK - Freiwillige Selbstkontrolle der Filmwirtschaft GmbH, eine 100%ige Tochter der SPIO e.V. Geregelt werden die Jugendschutzbestimmungen für Kinofilme (Trägermedien) und Video (Bildträger) im Jugendschutzgesetz (JuSchG). Die Alterskennzeichen der FSK haben aufgrund einer Ländervereinbarung mit den Obersten Landesjugendbehörden gesetzliche Wirkung.

Seit 2011 ist FSK.online auch für Jugendschutz im Internet zuständig. Anbieter von Telemedien müssen gemäß Jugendmedienschutz-Staatsvertrag bestimmte Schutzmaßnahmen ergreifen, wenn sie beeinträchtigende Inhalte öffentlich zugänglich machen. Die Beratungsangebote von FKS.online richten sich vornehmlich an Anbieter von filmischen Inhalten. FSK.online kann auch als Jugendschutzbeauftragter eines Unternehmens in Anspruch genommen werden.

Eine Mitgliedschaft bei FSK.online bietet einem Unternehmen neben umfänglichen Beratungsleistungen einen rechtlichen Schutz im Fall einer Beanstandung durch die Rechtsaufsicht, die Kommission für Jugendmedienschutz (KSM).

Tabelle 7.1

FSK-Prüfvolumen: Anzahl der Prüfungen und Prüfminuten 2014 bis 2018 nach Prüfverfahren

	2014	2015	2016	2017	2018
Prüfung in Ausschüssen					
FSK-Freigaben	6.135	7.593	5.642	3.154	2.977
Prüfobjekte in Minuten	254.679	275.360	149.045	153.462	148.551
Prüfung im vereinfachten Verfahren					
FSK-Freigaben	2.846	2.987	2.477	1.993	1.656
Prüfobjekte in Minuten	362.938	425.916	301.920	162.971	136.090
Prüfung im Einpersonen-Prüferverfahren					
FSK-Freigaben	-	-	6.115	7.021	7.064
Prüfobjekte in Minuten	-	-	168.519	190.910	191.577
Alle Verfahren					
FSK-Freigaben	8.981	10.580	14.234*	12.168	11.697
Prüfobjekte in Minuten	617.617	701.276	619.484	507.343	476.219
Veränderung der Prüfobjekte in Minuten ggü. dem Vorjahr	-7,2%	13,5%	-11,7%	-18,1%	-6,1%

*Zunahme ab 2016 aufgrund veränderter Zählweise bei TV-Serien (Einzelepisoden statt Paketfreigaben)

Tabelle 7.2

FSK gekennzeichnete Objekte nach Programmart in Prüfminuten 2014 bis 2018

Kino	2014	2015	2016	2017	2018
Spielfilme	47.010	50.950	56.051	56.799	58.701
Dokumentarfilme	13.496	14.363	17.976	16.894	18.029
Sonstige	4.001	5.922	5.433	5.463	4.445
gesamt	64.507	71.235	79.459	79.156	81.175
Video					
Spielfilme	89.058	90.749	80.034	71.941	68.765
Beiprogramm	39.330	42.262	39.244	29.012	22.229
TV-Sendungen	29.135	23.355	20.810	19.386	14.045
TV-Serien	218.748	309.497	237.024	183.627	189.305
Animation/Zeichentrick	39.104	47.708	56.605	37.730	33.055
Sonstige	137.735	116.469	106.306	86.490	67.645
gesamt	553.110	630.040	540.024	428.187	395.044
Alle Objekte	617.617	701.276	619.484	507.343	476.219

FSK gekennzeichnete Objekte nach Programmart im Jahr 2018 in %

D 7.1

Datenbasis: 476.219 Prüfminuten

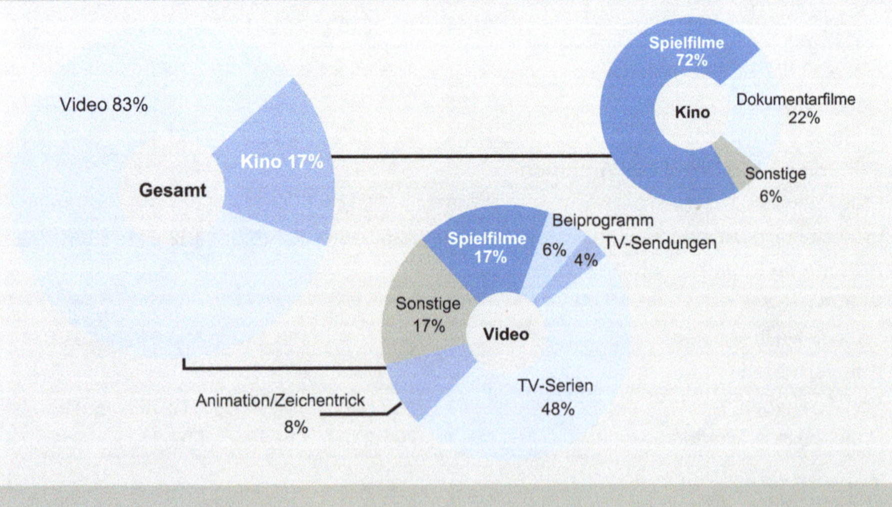

In FSK-Ausschüssen gekennzeichnete Langfilme 2009 bis 2018

D 7.2

FSK-Freigaben für Langfilme im Jahr 2018 in %

D 7.3

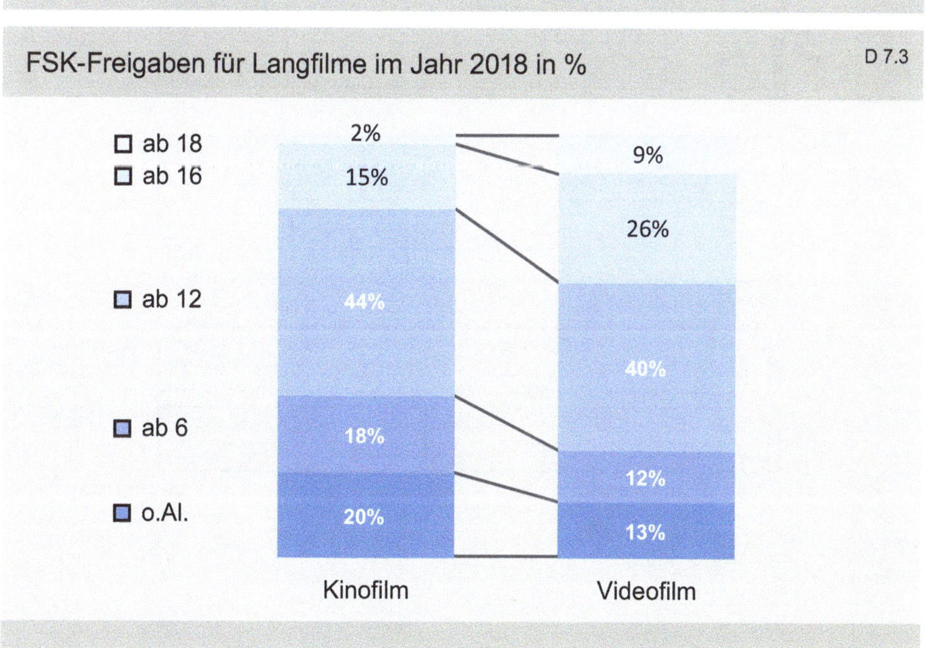

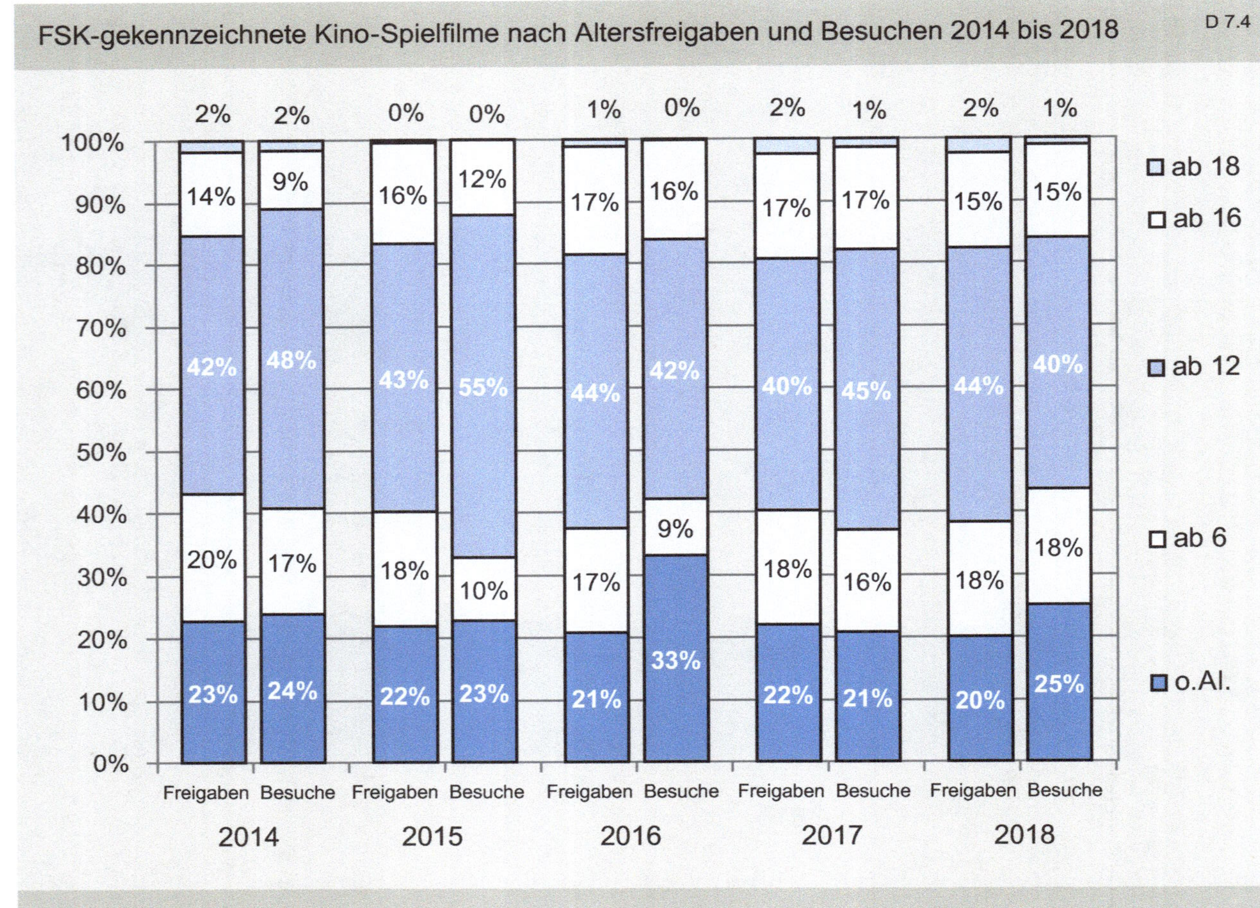
FSK-gekennzeichnete Kino-Spielfilme nach Altersfreigaben und Besuchen 2014 bis 2018
D 7.4
2%
2%
0%
0%
1%
0%
2%
1%
2%
1%
100%
90%
80%
70%
60%
50%
40%
30%
20%
10%
0%
14%
9%
16%
12%
17%
16%
17%
17%
15%
15%
42%
48%
43%
55%
44%
42%
40%
45%
44%
40%
20%
17%
18%
10%
17%
9%
18%
16%
18%
18%
23%
24%
22%
23%
21%
33%
22%
21%
20%
25%
ab 18
ab 16
ab 12
ab 6
o.Al.
Freigaben Besuche Freigaben Besuche Freigaben Besuche Freigaben Besuche Freigaben Besuche
2014 2015 2016 2017 2018

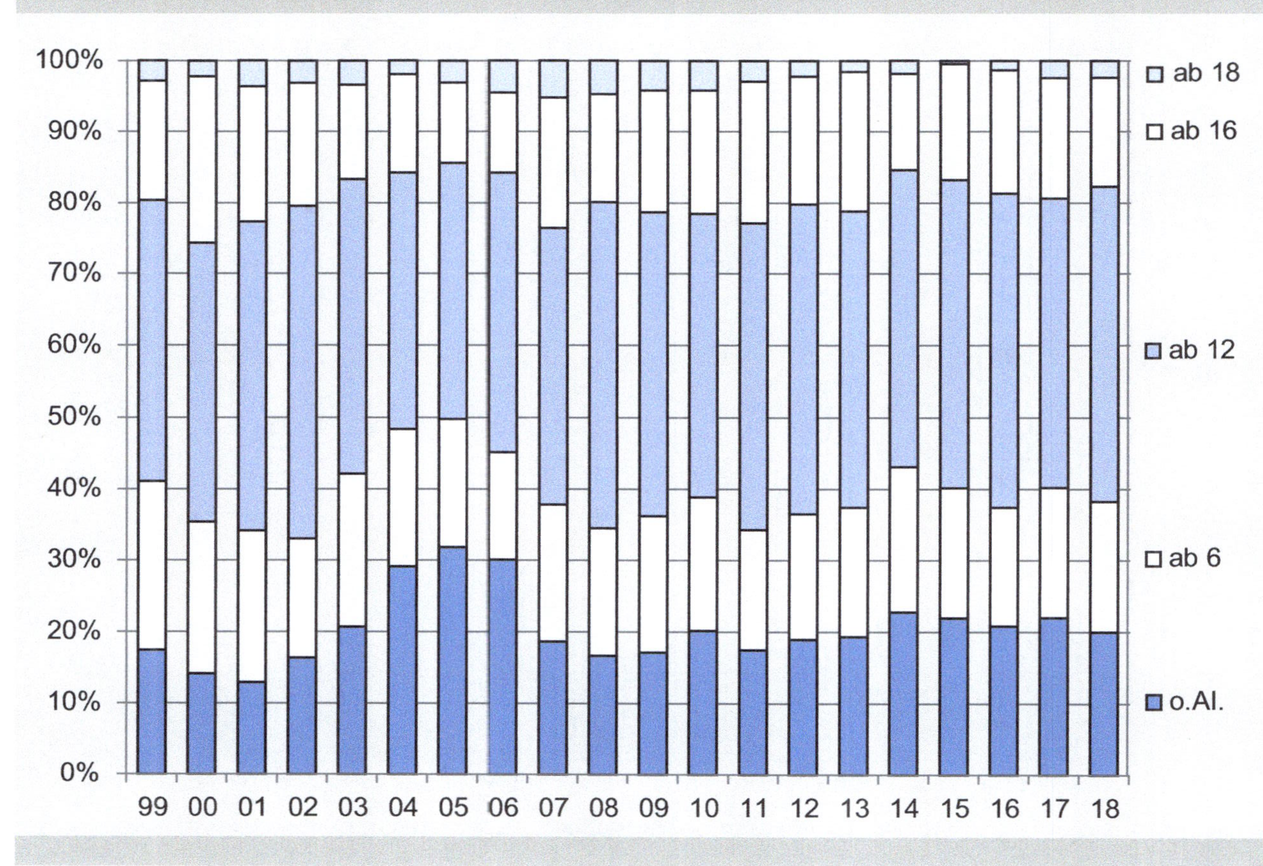
FSK-gekennzeichnete Kinofilme nach Altersfreigaben 1999 bis 2018
D 7.5
100%
90%
80%
70%
60%
50%
40%
30%
20%
10%
0%
99
00
01
02
03
04
05
06
07
08
09
10
11
12
13
14
15
16
17
18
ab 18
ab 16
ab 12
ab 6
o.Al.

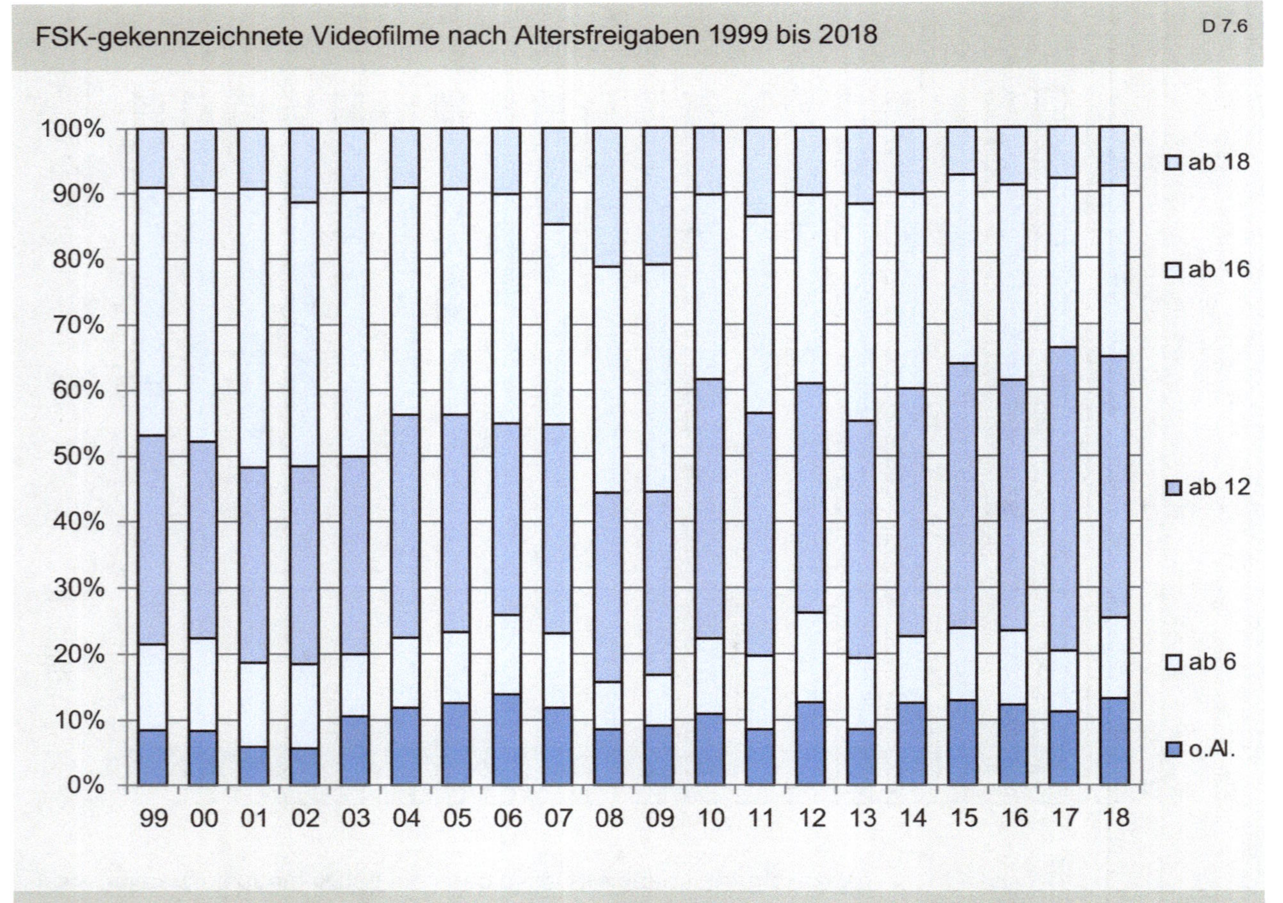

FSK-gekennzeichnete Videofilme nach Altersfreigaben 1999 bis 2018
D 7.6
100%
90%
80%
70%
60%
50%
40%
30%
20%
10%
0%
99
00
01
02
03
04
05
06
07
08
09
10
11
12
13
14
15
16
17
18
ab 18
ab 16
ab 12
ab 6
o.Al.

Tabelle 7.4

In FSK-Ausschüssen gekennzeichnete Langfilme 2016 bis 2018 nach Altersfreigaben

FSK-Kennzeichnung	2016			2017			2018		
	Kino	Video	gesamt	Kino	Video	gesamt	Kino	Video	gesamt
absolut:									
o.Al.	112	144	256	117	133	250	110	135	245
ab 6	89	131	220	97	109	206	100	124	224
ab 12	236	445	681	215	544	759	242	405	647
ab 16	93	347	440	90	304	394	84	264	348
ab 18	7	105	112	13	94	107	13	93	106
gesamt	537	1.172	1.709	532	1.184	1.716	549	1.021	1.570

in %:	2016			2017			2018		
o.Al.	20,9	12,3	15,0	22,0	11,2	14,6	20,0	13,2	15,6
ab 6	16,6	11,2	12,9	18,2	9,2	12,0	18,2	12,1	14,3
ab 12	43,9	38,0	39,8	40,4	45,9	44,2	44,1	39,7	41,2
ab 16	17,3	29,6	25,7	16,9	25,7	23,0	15,3	25,9	22,2
ab 18	1,3	9,0	6,6	2,4	7,9	6,2	2,4	9,1	6,8
gesamt	100,0	100,0	100,0	100,0	100,0	100,0	100,0	100,0	100,0

Tabelle 7.3

In FSK-Ausschüssen gekennzeichnete Langfilme 2014 bis 2018 nach Herstellungsländern

	2014		2015		2016		2017		2018	
	Kino	Video	Kino	Video	Kino	Video	Kino	Video	Kino	Video
Afghanistan	-	-	-	1	-	-	-	-	-	-
Argentinien	3	2	3	2	1	3	1	7	4	6
Armenien									-	1
Aserbaidschan							-	1	-	-
Äthiopien	-	-	1	-	-	-	-	-	-	-
Australien	3	12	4	21	1	13	2	21	1	9
Belgien	2	4	4	2	4	1	7	4	2	4
Brasilien	1	5	2	3	1	-	-	5	1	4
BR Deutschland	143	276	158	302	171	265	140	331	152	329
Bulgarien	-	2	-	1	-	1	1	-	-	1
Chile	-	2	3	5	-	1	2	1	-	3
Dänemark	4	7	1	4	5	11	3	4	3	3
DDR	-	72	-	46	-	68	-	69	-	46
Dominikanische Republik	-	-	-	1	-	-	-	-	-	-
Ecuador	-	1	1	-	-	-	-	1	-	-
Estland	-	-	-	1	2	-	-	-	-	-
Finnland	-	2	2	3	2	2	4	2	2	2
Frankreich	35	41	36	49	42	36	57	68	34	35
Georgien	-	1	-	-	-	-	-	-	-	-
Griechenland	-	1	-	2	1	-	1	1	-	-
Großbritannien	28	125	19	106	18	102	22	99	28	68
Guatemala	-	-	-	-	1	-	-	-	-	-
Haiti	-	-	-	-	-	1	-	-	-	-
Hongkong	1	13	-	1	1	3	-	9	-	16
Indien	6	4	9	5	14	8	10	6	23	9
Indonesien	2	2	-	-	-	-	1	-	-	-
Iran	-	-	1	-	1	-	3	-	4	-
Irland	2	1	5	3	3	4	2	3	1	4
Island	1	1	2	1	1	2	4	1	3	1
Israel	-	6	-	1	1	4	1	-	-	2
Italien	5	21	4	49	3	28	5	10	9	28
Japan	6	15	4	20	12	19	22	15	17	8
Jordanien	-	-	-	1	-	-	-	-	-	-
Jugoslawien	-	-	-	-	-	-	-	-	-	1
Kambodscha									-	1
Kanada	6	45	1	48	5	40	3	33	1	30
Kasachstan	1	1	-	-	-	1	-	-	-	-
Kenia									1	-
Kirgisien	-	-	-	-	1	-	-	-	-	-
Kolumbien	-	-	-	3	1	-	1	-	1	1
Kroatien	1	-	-	-	-	1	-	-	-	-

Kuba	1	1	2	-	-	1	-	-	1	-
Lettland	-	1	-	1	-	-	-	-	1	-
Libanon	-	-	-	-	-	-	-	-	2	-
Litauen	-	-	-	1	-	1	-	-	1	-
Luxemburg	-	-	-	-	-	-	1	-	-	-
Malaysia	2	1	-	-	-	-	-	-	-	-
Malta	-	-	-	1	-	-	-	-	-	-
Mazedonien	-	-	-	1	-	-	-	-	-	-
Mexiko	1	5	1	7	1	5	-	2	2	5
Neuseeland	1	2	-	6	3	1	-	1	-	2
Niederlande	3	12	1	13	2	8	2	5	2	4
Norwegen	3	10	4	4	1	4	3	6	6	5
Österreich	2	7	2	10	8	10	3	11	2	5
Paraguay	-	1	-	-	-	-	-	-	-	-
Panama	-	-	-	-	-	-	-	-	-	1
Peru	-	-	-	-	-	2	-	-	-	-
Philippinen	-	2	-	2	-	1	-	1	1	3
Polen	3	3	2	4	1	2	-	2	11	3
Portugal	-	-	-	1	-	-	2	-	1	1
Rumänien	1	-	-	-	-	-	-	1	-	2
Russland/UDSSR	-	14	7	8	16	10	22	12	18	20
Schweden	3	25	3	3	2	25	4	13	4	18
Schweiz	1	4	2	2	6	2	3	4	3	2
Serbien	-	1	-	-	-	1	2	-	1	1
Singapur	-	1	-	1	-	-	-	-	-	-
Slowakei	-	-	-	1	-	-	-	-	1	-
Slowenien	-	1	-	-	-	-	-	-	-	1
Spanien	4	22	3	13	8	12	3	13	6	10
Südafrika	-	4	-	3	-	3	1	2	-	3
Südkorea	2	7	-	6	1	5	2	5	3	1
Taiwan	-	-	-	1	1	-	-	-	-	-
Thailand	-	2	-	2	-	4	-	2	-	1
Trinidad und Tobago	-	-	-	1	-	-	-	-	-	-
Tschechische Rep./CSSR	-	6	1	5	1	4	-	10	-	3
Tunesien	-	-	-	-	1	-	-	-	-	-
Türkei	27	-	31	3	34	1	26	-	25	1
Ukraine	-	1	1	-	-	-	-	-	1	1
Ungarn	-	5	-	1	1	-	1	2	1	1
Uruguay	1	-	-	-	-	-	-	-	-	-
USA	137	512	162	491	155	446	159	393	160	308
Venezuela	-	-	-	2	1	1	-	-	-	-
Ver. Arabische Emirate	-	1	-	1	-	-	1	-	-	-
Vietnam	-	1	-	-	-	-	-	-	-	-
VR China	1	7	1	11	2	9	5	8	9	7
Zypern	-	-	-	1	-	-	-	-	-	-
insgesamt	443	1.321	483	1.288	537	1.172	532	1.184	549	1.021
EU (ohne Dt.)	93	286	83	272	100	220	118	248	109	193

8 Filmförderung

Die Vielfalt des deutschen Films wäre ohne Filmförderung nicht denkbar. Sie bewegt sich im Spannungsfeld von Wirtschaftlichkeit und kultureller Qualität.

Hauptakteure der Filmförderung in Deutschland sind die Filmförderungsanstalt (FFA), der Deutsche Filmförderfonds (DFFF), die Beauftragte der Bundesregierung für Kultur und Medien (BKM), die Filmförderungen der Länder sowie die TV Sender. Die Fördermittel insgesamt speisen sich aus parafiskalischen Branchenabgaben, aus Steuermitteln und aus Beiträgen der TV Sender.

Weitere Daten zur Filmförderung finden sich im FFA Geschäftsbericht (http://www.ffa.de).

DFFF - Deutscher Filmförderfonds

Die FFA ist von der Beauftragten der Bundesregierung für Kultur und Medien (BKM) mit der Durchführung des in 2007 eingeführten Deutschen Filmförderfonds beauftragt. Zuschüsse vom DFFF können auch für internationale Koproduktionen beantragt werden, wenn diese alle Fördervoraussetzungen erfüllen. Der deutsche Partner muss für den Film inhaltlich mitverantwortlich und aktiv in die Produktion eingebunden sein.

Tabelle 8

DFFF in Zahlen 2009 bis 2018

Anzahl geförderter Filme	2009	2010	2011	2012	2013	2014	2015	2016	2017	2018
Deutsche Produktionen	66	72	67	75	73	72	71	66	67	69
Internationale Koproduktionen	38	42	44	40	42	39	36	46	33	44
gesamt	104	114	111	115	115	111	107	112	100	113
Herstellungskosten in Mio €										
Deutsche Produktionen	240	197	259	239	198	187	187	199	187	214
Internationale Koproduktionen	213	256	204	249	339	433	534	200	224	194
gesamt	453	453	463	488	538	620	721	398	411	407
Deutsche Herstellungskosten in Mio €										
Deutsche Produktionen	214	180	220	218	180	175	177	191	181	202
Internationale Koproduktionen	131	161	118	134	190	170	198	120	140	127
gesamt	345	341	338	352	370	345	374	311	321	330
Bewilligte Förderung in Mio €										
Deutsche Produktionen	35	29	37	36	29	28	29	31	30	35
Internationale Koproduktionen	22	29	21	23	34	30	33	20	26	22
gesamt	58	58	58	58	62	58	61	51	56	57
gesamt incl. Nachbewilligungen nach § 14 Abs. 7 FFG		60			60	63				

Quelle: FFA - Bundesanstalt des öffentlichen Rechts, Berlin

Tabelle 8.2

Filme mit DFFF Förderzusage 2018

	Filmtitel	Produktionsfirma	bewilligte Zuwendung
1	Head full of Honey (Honey In The Head)	Barefoot Films	2.927.980
2	Ich war noch niemals in New York	UFA Fiction Productions	2.310.889
3	Guns Akimbo	Pump Metal Films (Germany)	2.295.970
4	Die Känguru-Chroniken	X-Filme Creative Pool	2.202.500
5	Das perfekte Geheimnis	Constantin Film Produktion	1.999.999
6	HAVEN (Shipbreaker)	BerghausWöbke Filmproduktion	1.999.999
7	Traumfabrik	Traumfabrik Babelsberg	1.610.000
8	Lindenberg!	Letterbox Filmproduktion	1.572.446
9	Der Fall Collini	Constantin Film Produktion	1.251.840
10	100 Dinge	Pantaleon Films	1.176.080
11	Peterchens Mondfahrt	Little Dream Entertainment	1.084.706
12	Sweethearts	Hellinger/Doll Filmproduktion	1.040.000
13	Als Hitler das rosa Kaninchen stahl	Sommerhaus Filmproduktion	1.022.800
14	Gut gegen Nordwind (AT)	Komplizen Film	892.658
15	Ostwind - Aris Ankunft	SamFilm	884.000
16	Berlin Alexanderplatz	Sommerhaus Filmproduktion	879.000
17	Die drei Ausrufezeichen	WESTSIDE Filmproduktion	864.000
18	Die Goldfische (Plan A)	Wiedemann & Berg Film	848.000
19	Dem Horizont so nah	Pantaleon Films	840.000
20	Der goldene Handschuh	bombero international	838.400
21	Deutschstunde	Senator Film Köln	836.000
22	Wickie und das Zauberschwert	Studio 100 Media	787.946
23	Die Frau des Piloten (AT)	Razor Film Produktion	780.000
24	Rate your Date	The Amazing Film Company	776.680
25	TKKG	Kundschafter Filmproduktion	772.317
26	Lolle	Real Film Berlin	752.000
27	Liliane Susewind - Ein tierisches Abenteuer	Deutsche Columbia Pictures	745.069
28	Mein Lotta Leben	Lieblingsfilm	720.000
29	Eine ganz heiße Nummer 2	Rat Pack Filmproduktion	712.000
30	Die Olchis - Der Film (Die Olchis)	WunderWerk	705.000
31	Sprite Sisters - Vier zauberhafte Schwestern (AT)	Blue eyes Fiction	670.000
32	ROCCA - Verändert die Welt	Rocca	651.200
33	Immenhof - Das Abenteuer eines Sommers	Rich and Famous Film	650.000
34	MY ZOE	MY ZOE Produktion	593.646
35	Alfons Zitterbacke	X-Filme Creative Pool	591.680
36	Hannes	Lailaps Pictures	584.000
37	The Operative	Match Factory Productions	576.404
38	Kirschblüten & Dämonen	Olga Film	572.800
39	Exil (AT)	Komplizen Film	556.000
40	Club der roten Bänder - Der Film	Bantry Bay Productions	535.200
41	Wie gut ist deine Beziehung?	Westhoff Film	529.920
42	Ooops! The Adventure Continues	Ulysses Filmproduktion	526.301
43	Leberkäsjunkie	Constantin Film Produktion	514.560
44	Am Ende Legenden	Pantaleon Films	510.560
45	Verachtung	Zentropa Hamburg	500.000
46	Narziss und Goldmund	Mythos Film Produktion	469.718
47	Meine Freundin Conni - Conni auf großer Fahrt	Senator Film Produktion	451.959
48	Bezness	if... Production	422.000
49	All My Loving (Geschwister)	Port-Au-Prince Film & Kultur Produktion	400.000
50	Und der Zukunft zugewandt (WARUM?)	Cineplus Filmproduktion	376.381
51	Get Lucky	deutschfilm	375.819
52	Yakari - Grosse Stürme mit Kleiner Donner	WunderWerk	360.000
53	Nö	FLARE FILM	350.000
54	Das Vorspiel	Lupa Film	344.500
55	Adventures Of A Mathematician	dragonfly films	336.848
56	Vatersland	Coin Film	318.628

Quelle: FFA - Bundesanstalt des öffentlichen Rechts, Berlin

Filme mit DFFF Förderzusage 2018

	Filmtitel	Produktionsfirma	bewilligte Zuwendung
57	Der Rebell	Lightburst Pictures	316.190
58	Kids Run	FLARE FILM	305.000
59	Das Leben meiner Tochter	Oberon Film	289.200
60	Crescendo	CCC Filmkunst	283.549
61	Tagundnachtgleiche	Tamtam Film	272.000
62	Golden Twenties	BerghausWöbke Filmproduktion	269.000
63	Relativity	Trimafilm	268.000
64	Stillstehen	CALA Filmproduktion	266.574
65	Zu weit weg	Weydemann Bros.	266.430
66	Sumpfland	Syrreal Entertainment	257.000
67	Die Vergesslichkeit der Eichhörnchen	Zieglerfilm Baden-Baden	256.000
68	Die Frau auf der Straße	Vincent TV	254.379
69	Was gewesen wäre	FLARE FILM	239.000
70	Cunningham 3D	Achtung! Panda Media	227.311
71	Patrick	Aenschein Filmproduktion	213.694
72	Manche lernen's nie	Schiwago Film	210.600
73	KROOS - Das Portrait eines Unsichtbaren	Broadview TV	186.000
74	Kokon	Jost Hering Filmproduktion	185.271
75	Im Feuer (Prep)	Pallas Film	184.014
76	Im Niemandsland	BuntFilm Maxim Juretzka und Jost Hering	182.900
77	Das geheime Leben der Bäume	Constantin Film Produktion	179.353
78	Zoros Solo	H & V Entertainment	176.920
79	Kulissen der Macht	The Post Republic	175.183
80	Als ich mal gross war	Engel & Fleischmann Film	172.200
81	Borga	East End Film	170.002
82	Pelikanblut	Junafilm	165.000
83	No Name Restaurant	Enigma Film	138.446
84	A Pure Place	Violet Pictures , Berlin	129.104
85	Die Toten Hosen - Tour 2018	Avanti Media Fiction	128.119
86	Donbass	ma.ja.de. Fiction	112.400
87	Auf der Suche nach Ingmar Bergman	C-Films (Deutschland)	111.942
88	Sex Change Wonderland	Florianfilm	111.445
89	Rote Kapelle	Lichtblick Film- und Fernsehproduktion	110.000
90	Adern der Welt	Basis Berlin Filmproduktion	105.161
91	Fieber	Filmallee	104.500
92	Sommer mit Bernard	Projector 23	100.000
93	Tagebuch einer Biene / A Bee's Diary	Taglicht Media Film-&Fernsehproduktion	100.000
94	Century of Women	Fruitmarket Kultur & Medien	98.100
95	Body of Truth	INDI FILM	93.525
96	We are all Detroit	Filmproduktion Loeken Franke	78.500
97	Die Geburt des Leoparden	Kick Film	76.926
98	Peters Wald	Basthorster Filmmanufaktur	72.900
99	Wir sind die Roboter	Kloos & Co Medien	69.743
100	Glitzer & Staub	FLARE FILM	69.700
101	Paris Calligrammes	zero one film	66.879
102	Spuren	ma.ja.de Filmproduktions	65.333
103	Träum weiter!	Schnittstelle Thurn	64.000
104	Aware	Hanfgarn & Ufer Filmproduktion	60.000
105	Vor mir der Süden	bittersuess pictures	56.000
106	Defender of the Faith	FLARE FILM	51.000
107	Fly, Rocket, Fly!	Lunabeach TV und Media	50.000
108	The Strait Guys	Hanfgarn & Ufer Filmproduktion	48.567
109	Keine Kompromisse - Martin Margiela	Reiner Holzemer Film	45.069
110	Spider Murphy Gang - S'Leben is wiar a Traum	juno film	44.190
111	Morgen ist ein neuer Tag	Kundschafter Filmproduktion	38.000
112	Das Mädchen aus Ost-Berlin	Kick Film	36.026
113	BEING A MAN	Stick-Up Filmproduktion	34.900

Kulturwirtschaftliche Filmförderung von Bund und Ländern 2018 (Haushaltsansätze in Millionen €)

Förderbereich	FFA	BKM	MBBB	NRWS	FFF	MDM	FFHSH	MFG	Hessenfilm	Nordmedia	gesamt
Kinofilmförderung	30,45	146,63	18,68	21,56	22,46	6,24	8,91	10,27	5,34	1,81	272,35
Kurzfilmförderung	0,64	0,78	0,10	0,49	*	0,11	0,13		0,07	0,15	2,47
Fernsehfilmförderung	-	-	2,00	1,90	4,39	0,30	0,57		0,61	1,54	11,31
Dokumentarfilmförderung	-	*	1,04	3,33*	*	1,66	0,72		1,29	3,19	7,90
Experimentalfilmförderung	-	-	0,27	-	-	-	0,05		-	-	0,32
Drehbuchförderung (Kinofilm)	1,67	0,96	0,19	0,25	0,46	0,36	0,34	0,30**	0,17	0,21	4,91
Projektentwicklungsförderung	-	0,20	0,22	0,38	0,68	1,19	0,31	0,13	0,14	0,21	3,46
Serienförderung Entwicklung	-	-	0,67	0,30	*	0,24	-	-	-	0,11	1,32
Serienförderung Produktion	-	10,00	5,79	6,10	*	1,63	0,60	-	-	0,74	24,86
Absatzförderung/Verleih/Vertrieb	10,88	0,82	2,42	1,71	3,18	1,24	0,72	0,70	0,14	0,14	21,95
Medialeistungen	7,30	-	-	-	-	-	-	-	0,07	-	7,37
Kinoinvestitionsförderung	17,62	-	-	0,52	0,45	-	-	0,50	0,51	0,08	19,68
Digitalisierungsförderung/ Filmisches Erbe	3,30	2,00	0,22	-	-	-	-	0,18	-	-	5,70
Gamesförderung	-	-	1,50	1,00	1,88	0,58	-	0,60	-	0,17	5,73
Fortbildung / Ausbildungsförderung	-	0,33	0,95	1,06	-	0,59	0,28	-	0,18	0,06	3,45
Innovations-, Rationalisierungs-, Forschungsförderung	-	-	0,45	-	-	-	-	-	-	-	0,45
Filmevent- und Festivalförderung	-	8,49	3,54	0,58	0,59	0,78	0,06	-	1,33	0,89	16,26
Nachwuchsförderung (Produktion)	-	-	2,64*	5,48*	1,64	1,02	*	*	0,48	*	3,14
Kinoprogrammprämien	-	1,80	0,43	0,45	0,40	0,08	0,10	0,28	-	0,07	3,61
Werbung für den deutschen Film im In- und Ausland	6,84	3,32	0,06	0,06	0,07	0,09	0,15	0,15	0,03	0,03	10,80
Sonstiges	-	14,16	0,30	0,62	0,65	0,07	0,53	0,90	1,19	0,09	18,51
gesamt	78,70	189,49	38,83	36,98	36,85	16,18	13,47	14,01	11,55	9,49	445,55

Quelle: FFA - Bundesanstalt des öffentlichen Rechts, Berlin

FFA - Filmförderungsanstalt / BKM - Beauftragte der Bundesregierung f. Kultur u. Medien / GMPF - German Motion Picture Fund / FFF - FilmFernsehFonds Bayern / MBBB - Medienboard Berlin-Brandenburg / NRWS - Filmstiftung Nordrhein-Westfalen / MDM - Mitteldeutsche Medienförderung / FFHSH - Filmförderung Hamburg Schleswig-Holstein GmbH / MFG - Medien- u. Filmgesellschaft Baden-Württemberg *bereits in anderen Rubriken berücksichtigt **nicht nur Kinoförderung

9 Deutsche Film- und Medienbewertung (FBW)

Die Deutsche Film- und Medienbewertung (FBW) begutachtet vor Kinostart deutsche und internationale Filme auf ihre Qualität. Aus einem Pool von 85 ehrenamtlich tätigen Experten aus den unterschiedlichsten Filmbereichen kommen für je eine Woche fünf Juroren im Kino der FBW zusammen und diskutieren nach Kriterien der Filmanalyse. Sie zeichnen in ihrem Genre herausragende Werke mit den Prädikaten „wertvoll“ und „besonders wertvoll“ aus. Die Prädikate sind Empfehlungen, die Orientierung im vielfältigen Angebot schaffen. Für die Filmemacher sind sie eine besondere Auszeichnung, für die Branche unabhängige Gütesiegel.

Die Auszeichnungen der FBW qualifizieren für die bundesweite Film- und Medienförderung, unter anderem das FFG. Die Jurybegründungen, Trailer und weitere Infos werden umgehend auf der Homepage veröffentlicht. Die FBW ist seit 1951 eine von allen Bundesländern mit der Film- und Kulturförderung beauftragte Obere Landesbehörde. Die Bewertungen sind freiwillig und erfolgen auf Antrag gegen Gebühr.

Insgesamt wurden 125 Langfilme vorgelegt, 80 erhielten das Prädikat besonders wertvoll, 32 wertvoll. Unter den prädikatisierten Filmen waren 33 deutsche Debutfilme (26,4%) und 96 Arthouse-Filme (76,8%).

Tabelle 9.1

Prädikatisierte Filme im Jahr 2018 nach Herstellungsländern

Herstellungsland	Langfilme*		
	vorgelegen gesamt	darunter prädikatisiert	
		Wertvoll	Besonders Wertvoll
Deutschland	64	22	35
USA	27	3	22
Weitere	34	7	23
davon			
europäisch	31	7	23
nicht europäisch	3	0	1
gesamt	125	32	80

Quelle: FBW, Wiesbaden

*ab 59 Minuten (Kinderfilme) bzw. ab 79 Minuten (Spiel- und Dokumentarfilme)

FBW-Jugend Filmjury (JFJ)

Die FBW-Jugend Filmjury (JFJ) wurde 2014 von der FBW ins Leben gerufen, in enger Zusammenarbeit mit medienpädagogischen Institutionen und unterstützt und gefördert von Ministerien, Staatskanzleien und Fördereinrichtungen. Bundesweit sichten, diskutieren und bewerten 10 Jurys das Kinoprogramm für das junge Publikum ab 5 Jahren, mit eigener Rubrik 14+.

Erklärte Ziele sind: Orientierung im vielfältigen Kinoangebot; zielgruppengerechte Ansprache und Altersempfehlungen auf Augenhöhe; Förderung von Medienkompetenz und kultureller Filmbildung; Interesse und Aufmerksamkeit wecken für Kino als Kulturort.

Durch die Vernetzung mit Kinofestivals, Schulkinowochen, Kongressen und Messen der Filmbranche stehen die JFJs im direkten Austausch mit dem Publikum. Sie empfehlen das ganze Jahr über nicht nur besonders sehenswerte kleine und große Filme, sondern regen auch andere Zuschauer zur Diskussion über Gestaltung und Qualitätsmerkmale an und lassen andere an ihrer Begeisterung für Film und Kino teilhaben.

Seit 2014 wurden über 200 Filme von den JFJs gesichtet. Die Empfehlungen der JFJ und die selbst verfassten Bewertungstexte werden unmittelbar über Presse- und Social Media-Kanäle verbreitet.

Tabelle 9.2

Von der FBW-Jugend Filmjury ausgezeichnete Filme 2018

Herstellungsland	Bewertung (1-5 Sterne)						
	< 3	3	3,5	4	4,5	5	gesamt
Deutschland	2	-	2	14	5	1	24
USA	-	-	2	10	4	2	18
Weitere	1	2	7	9	1	2	22
davon							
europäisch	1	1	7	6	1	2	18
nicht europäisch	-	1	-	3	-	-	4
gesamt	3	2	11	33	10	5	64

Quelle: FBW, Wiesbaden

10 Filmexport

Die Daten zum Filmexport deutscher Filme ins Ausland wurden von German Films zur Verfügung gestellt.

German Films Service + Marketing ist das nationale Informations- und Beratungszentrum für die internationale Verbreitung deutscher Filme. Die Arbeit von German Films konzentriert sich darauf, über Informationsdienste, PR- und Marketingmaßnahmen den Bekanntheitsgrad des deutschen Films im Ausland zu erhöhen und ihn im internationalen Mediengeschehen möglichst sichtbar zu machen.

2018 wurden weltweit 406 deutsche Filme ausgewertet, davon waren gut die Hälfte (209) majoritär deutsche Produktionen. Insgesamt erzielten deutsche Filme (majoritär und minoritär) in 2018 außerhalb von Deutschland einen Umsatz von fast 154 Millionen Euro und erreichten dabei über 26,5 Millionen Besucherinnen. Deutsche Filme wurden weltweit in 75 Ländern ausgewertet. Majoritär deutsche Filme wurden in 63 Ländern ausgewertet.

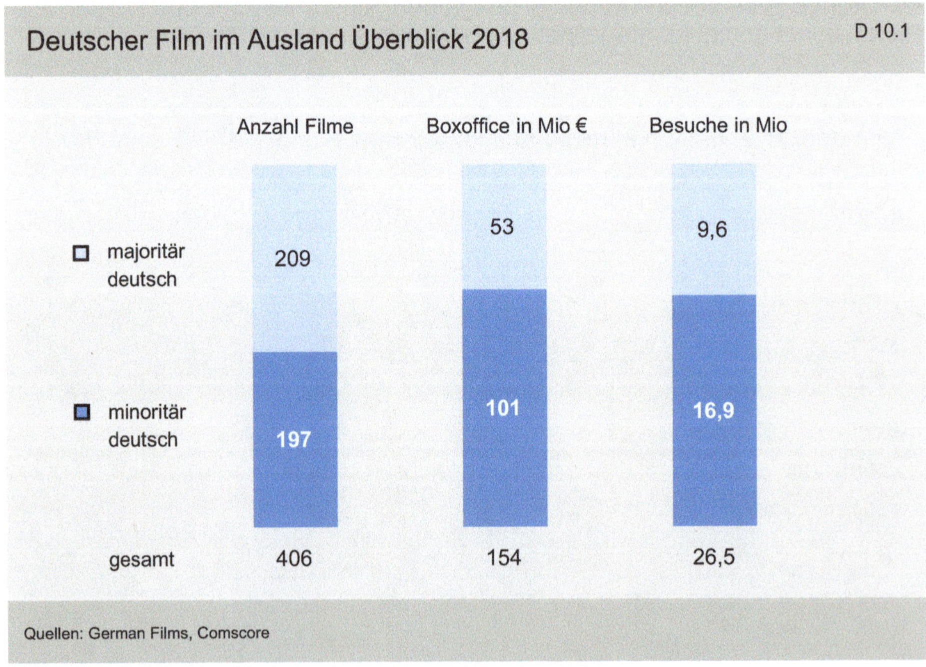

Tabelle 10.1

Majoritär deutsche Filme im Ausland 2018

Anteil des erzielten Boxoffice in % nach Region	Boxoffice in %
Europa	73,9%
Asien	11,0%
Südamerika	6,3%
Nordamerika	4,9%
Andere Länder	3,9%
gesamt	100,0%

TOP 10 Länder nach erzieltem Boxoffice	Boxoffice in Mio €
Österreich	12,8
Frankreich	9,8
China	4,0
Spanien	2,8
Italien	2,4
Großbritannien/Irland	2,0
Mexiko	1,6
Niederlande	1,5
Brasilien	1,3
Schweden	1,1
USA	1,0

TOP 5 Filme nach Besuchen*	Besuche
Die Biene Maja - Die Honigspiele	1.348.760
Der kleine Vampir	1.003.176
Der 7bte Zwerg	868.312
Überflieger - kleine Vögel - großes Geklapper	750.773
Aus dem Nichts	642.495

Quellen: German Films, Comscore

*Die Zuschauerzahlen einiger Länder wurden nicht an ComScore gemeldet. Es wurde der durchschnittliche Ticketpreis des Landes herangezogen, um über das Boxoffice die Besucherzahlen zu ermitteln.

11 Internationale Filmstatistik

2018 verzeichnete die Audiovisuelle Informationsstelle in Straßburg in der EU 956 Millionen Kinobesuche, 2,9% weniger als 2017 (984 Millionen).

Die meisten Kinobesuche hatte Frankreich mit 201,1 Millionen (-4,0%) gefolgt von Großbritannien mit 177,0 Millionen (+3,7%) und Deutschland mit 105,4 Millionen (-13,9%).

Der Marktanteil von US-Produktionen in der EU betrug 63,2%, europäische Filme hatten einen Marktanteil von 29,4% und Filme aus anderen Ländern einen Marktanteil von 2,1%.

Mit 3,0 Filmbesuchen pro Einwohner gingen die Iren und die Franzosen 2018 am häufigsten ins Kino. An dritter Stelle die Esten mit 2,8 Besuchen dicht gefolgt von den Briten mit 2,7 Besuchen pro Einwohner. In Deutschland waren es 1,3 Besuche pro Jahr und Einwohner.

94% aller Leinwände in der EU sind digitalisiert. Die Hälfte der 28 EU-Länder hat die 100%ige Digitalisierung der Leinwände vollzogen.

Marktanteil Besuche in der EU nach Herstellungsländern im Jahr 2018. Basis 956 Mio Besuche

D 11.1

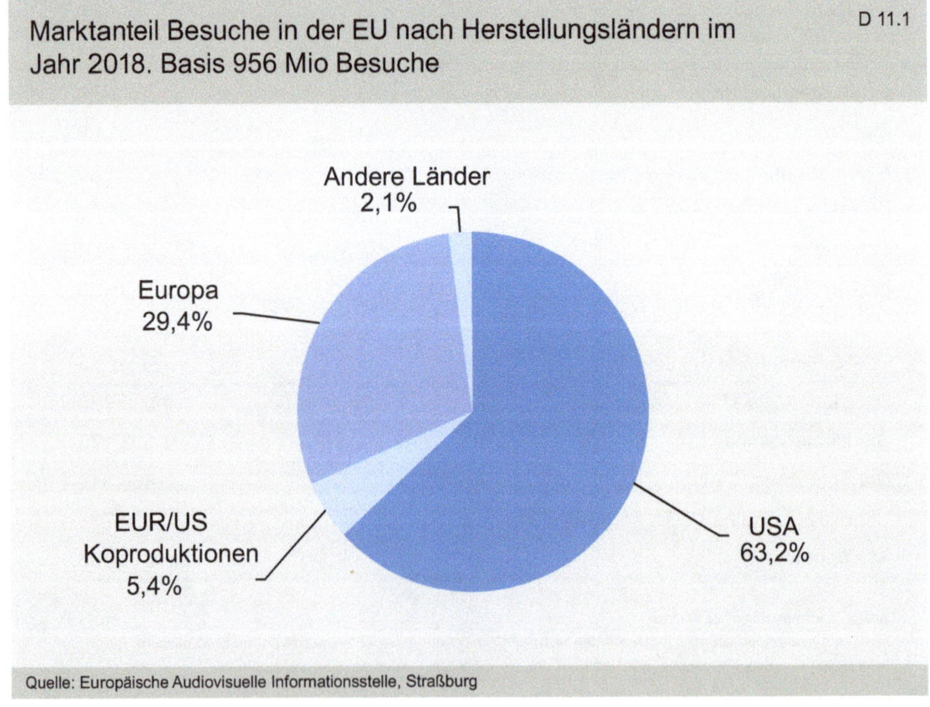

Quelle: Europäische Audiovisuelle Informationsstelle, Straßburg

Filmbesuch nach Ländern in der EU im Jahr 2018 in Millionen

D 11.2

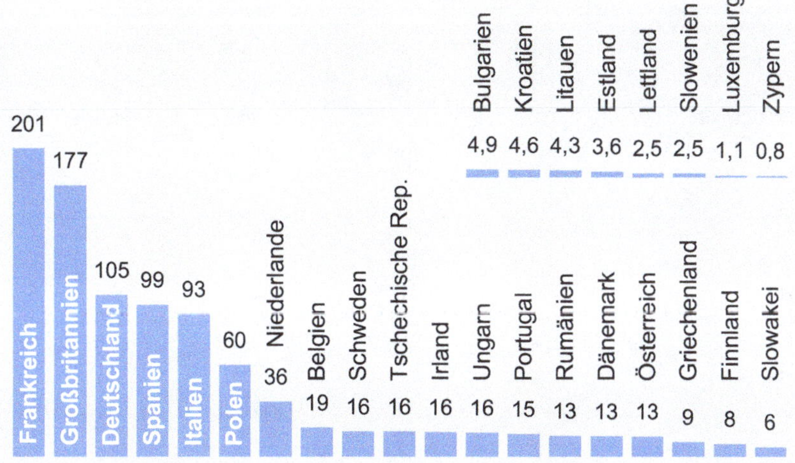

Quelle: Europäische Audiovisuelle Informationsstelle, Straßburg

Tabelle 11.1

TOP 15 europäische Filme in Europa im Jahr 2018

	Originaltitel	Land	Regie	Besuche
1	Bohemian Rhapsody	GB/USA	Bryan Singer	26.413.548
2	Fantastic Beasts: The Crimes of Grindelwald	GB/USA	David Yates	20.162.345
3	Johnny English Strikes Again	GB/USA/F	David Kerr	7.128.046
4	Darkest Hour	GB/USA	Joe Wright	6.593.948
5	la ch'tite famille	F/B	Dany Boon	6.428.659
6	les Tuche 3 (The Magic Tuche)	F	Olivier Baroux	5.965.078
7	Kler (Clergy)	PL/CZ	W. Smarzowski	5.362.662
8	le grand bain (Sink or Swim)	F/B	Gilles Lellouche	4.387.141
9	Taxi 5	F	Franck Gastambide	4.138.811
10	Early Man	GB/USA	Nick Park	3.691.935
11	The Commuter	GB/USA/F	Jaume Collet-Serra	3.609.532
12	Campeones (Champions)	E	Javier Fesser	3.407.713
13	Tout le monde debout (Rolling to You)	F/B	Franck Dubose	2.865.089
14	Paddington 2	GB/F	Paul King	2.581.839
15	Alad'2 (Aladdin 2)	F	Lionel Steketee	2.428.603

Quelle: Europäische Audiovisuelle Informationsstelle, Straßburg

Tabelle 11.2

Filmbesuch, Filmbesuch pro Einwohner, Spielfilmproduktionen, nationaler Marktanteil und Bevölkerung nach Ländern im Jahr 2018

Land	Filmbesuche in Mio	Filmbesuche pro Einwohner	Spielfilm-produktionen*	Marktanteil nationaler Filme in %	Bevölkerung in Mio
Die 5 größten EU-Märkte					
Deutschland	105,4	1,3	113	23,5	82,9
Frankreich	201,1	3,0	189	39,5	67,2
Großbritannien	177,0	2,7	108	44,8	66,2
Italien	92,6	1,5	170	23,2	60,5
Spanien	98,9	2,1	132	17,6	46,7
Übrige EU-Länder A-Z					
Belgien	18,8	1,6	27	11,0	11,4
Bulgarien	4,9	0,7	6	7,9	7,1
Dänemark	13,0	2,2	22	29,8	5,8
Estland	3,6	2,8	7	17,9	1,3
Finnland	8,1	1,5	19	23,6	5,5
Griechenland	9,4	0,9	11	7,1	10,7
Irland	15,8	3,0	17	2,5	4,8
Kroatien	4,6	1,1	14	1,2	4,1
Lettland	2,5	1,3	8	22,1	1,9
Litauen	4,3	1,5	26	27,8	2,8
Luxemburg	1,1	.	3	.	0,6
Malta	.	.	4	.	0,4
Niederlande	35,7	2,1	32	11,2	17,2
Österreich	12,9	1,5	17	6,2	8,8
Polen	59,7	1,6	29	33,3	38,0
Portugal	14,7	1,4	21	1,9	10,3
Rumänien	13,3	0,7	42	3,2	19,5
Schweden	16,4	1,6	31	18,7	10,1
Slowakei	6,0	1,1	7	4,2	5,4
Slowenien	2,5	1,2	6	5,3	2,1
Tschechische Rep.	16,3	1,5	36	23,3	10,6
Ungarn	15,5	1,6	17	6,6	9,8
Zypern	0,8	0,9	3	.	0,9
EU[s]	956,0	1,9	1.142	34,8	512,7
Große Märkte außerhalb der EU					
Brasilien	161,1	0,8	171	15,1	209,2
Indien[s]	2.020,0	1,5	1.813	89,0	1.334,2
Japan	169,2	1,3	613	54,8	126,4
Russische Föd.[s]	202,2	1,4	138	28,5	143,4
USA (u. Kanada)**	1.304,2	3,6	.	92,9	327,5
VR China[s]	1.720,0	1,2	1.082	62,2	1.399,0
Welt[s]	7.954,0	1,0	8.204	100,0	7.674,6

Quelle: Europäische Audiovisuelle Informationsstelle, Straßburg

*Es werden rein nationale und majoritäre Koproduktionen, ohne minderheitliche Koproduktionen gezählt.

**Spielfilmproduktionen und nationaler Marktanteil nur USA, Filmbesuche USA und Kanada

Tabelle 11.3

Spielfilmproduktionen* nach Ländern 2014 bis 2018

Land	2014	2015	2016	2017	2018 vorläufig
Die 5 größten EU-Märkte					
Deutschland**	106	100	123	107	113
Frankreich	168	192	180	185	189
Großbritannien	187	148	160	105	108
Italien	164	148	165	171	170
Spanien	94	127	121	136	132
Übrige EU-Länder A-Z					
Belgien	32	30	37	36	27
Bulgarien	3	12	24	14	6
Dänemark**	21	23	23	21	22
Estland**	4	4	9	6	7
Finnland	19	17	18	22	19
Griechenland[s]**	13	15	11	14	11
Irland	12	11	16	14	17
Kroatien	11	9	10	8	14
Lettland**	6	3	4	5	8
Litauen**	11	8	10	10	26
Luxemburg	3	8	1	4	3
Malta	3	1	3	2	4
Niederlande	43	44	29	29	32
Österreich	16	16	16	15	17
Polen	34	32	40	42	29
Portugal	3	15	13	12	21
Rumänien	30	35	34	28	42
Schweden**	30	28	22	25	31
Slowakei	7	10	6	9	7
Slowenien**	6	10	8	11	6
Tschechische Rep.	29	27	41	24	36
Ungarn	12	15	18	14	17
Zypern	1	2	0	3	3
EU[s]	1.080	1.115	1.159	1.120	1.142
Große Märkte außerhalb der EU					
Brasilien[s]	114	133	142	160	171
Indien[s]	1.966	1.845	1.903	1.986	1.813
Japan	615	581	610	594	613
Russische Föderation	85	103	100	108	138
USA	708	785	790	825	.
VR China[s]	618	686	944	970	1.082
Welt[s]	7.455	7.648	7.893	8.026	8.204

Quelle: Europäische Audiovisuelle Informationsstelle, Straßburg

*Es werden rein nationale und majoritäre Koproduktionen, ohne minderheitliche Koproduktionen gezählt.

**Hier werden die Erstaufführungen gezählt, in den anderen Ländern die produzierten Filme.

Tabelle 11.4

Filmbesuch in Millionen nach Ländern 2014 bis 2018

Land	2014	2015	2016	2017	2018 vorläufig	Vergleich 2018 mit 2017 in %
Die 5 größten EU-Märkte						
Deutschland	121,7	139,2	121,1	122,3	105,4	-13,9
Frankreich	209,1	205,4	213,2	209,4	201,1	-4,0
Großbritannien	157,5	171,9	168,3	170,6	177,0	3,7
Italien[s]	98,3	106,7	113,8	99,6	92,6	-7,0
Spanien	88,0	96,1	101,8	100,2	98,9	-1,3
Übrige EU-Länder A-Z						
Belgien	21,6	21,1	19,4	19,6	18,8	-3,9
Bulgarien	4,9	5,3	5,5	5,6	4,9	-12,1
Dänemark	11,9	13,8	13,0	11,9	13,0	9,0
Estland	2,6	3,1	3,3	3,5	3,6	3,4
Finnland	7,3	8,7	8,7	8,8	8,1	-8,3
Griechenland[s]	9,0	9,8	10,0	10,1	9,4	-7,2
Irland	14,4	15,2	15,8	16,1	15,8	-2,1
Kroatien	3,8	3,9	4,3	4,5	4,6	1,5
Lettland	2,3	2,4	2,5	2,5	2,5	1,9
Litauen	3,2	3,3	3,7	4,1	4,3	5,1
Luxemburg	1,1	1,3	1,1	1,2	1,1	-10,3
Malta	0,7	0,7	0,7	0,8	.	.
Niederlande	30,8	33,0	34,2	36,0	35,7	-0,8
Österreich	14,3	15,9	15,1	14,6	12,9	-11,4
Polen	40,5	44,7	52,1	56,6	59,7	5,5
Portugal	12,1	14,6	14,9	15,6	14,7	-5,9
Rumänien	10,2	11,2	13,0	13,9	13,3	-3,8
Schweden	16,3	17,0	17,8	16,9	16,4	-3,1
Slowakei	4,1	4,6	5,7	6,7	6,0	-10,9
Slowenien	1,9	2,1	2,3	2,4	2,5	8,3
Tschechische Rep.	11,6	13,0	15,6	15,2	16,3	7,3
Ungarn	11,0	13,0	14,6	14,9	15,5	3,6
Zypern	0,7	0,7	0,7	0,7	0,8	1,3
EU[s]	911	978	992	984	956	-2,9
Große Märkte außerhalb der EU						
Brasilien[s]	155,6	172,9	184,3	181,3	161,1	-11,1
Indien[s]	1.900,0	2.016,0	2.020,0	1.980,0	2.020,0	2,0
Japan	161,1	166,6	180,2	174,5	169,2	-3,0
Russische Föderation[s]	176,0	174,1	194,7	212,2	202,2	-4,7
USA und Kanada	1.270,0	1.320,0	1.311,0	1.240,0	1.304,2	5,2
VR China[s]	830,0	1.260,0	1.370,0	1.620,0	1.720,0	6,2
Welt[s]	6.671,0	7.498,0	7.560,0	7.818,0	7.954,0	1,7

Quelle: Europäische Audiovisuelle Informationsstelle, Straßburg

Tabelle 11.5

Marktanteil nationaler Filme auf Basis von Besuchen nach Ländern 2014 bis 2018 in %

Land	2014	2015	2016	2017	2018 vorläufig
Die 5 größten EU-Märkte					
Deutschland	26,7	27,5	22,7	23,9	23,5
Frankreich	44,4	35,5	35,8	37,4	39,5
Großbritannien*	26,0	44,5	34,9	37,4	44,8
Italien	27,8	21,3	29,1	18,3	23,2
Spanien	25,5	19,2	18,5	17,0	17,6
Übrige EU-Länder A-Z					
Belgien	14,0	10,0	9,6	8,4	11,0
Bulgarien	3,5	1,8	3,2	9,2	7,9
Dänemark	27,3	29,8	21,0	20,2	29,8
Estland	4,7	11,3	10,5	8,0	17,9
Finnland	28,1	29,9	28,6	27,0	23,6
Griechenland	3,5	8,4	9,0	10,0	7,1
Irland	7,1	4,1	4,3	2,4	2,5
Kroatien	2,5	1,9	4,2	2,6	1,2
Lettland	7,6	4,4	7,4	7,8	22,1
Litauen	23,1	13,8	19,0	21,4	27,8
Luxemburg	.	.	.	.	.
Malta	.	.	.	.	.
Niederlande	20,8	18,7	12,3	12,0	11,2
Österreich	4,6	5,3	4,9	5,7	6,2
Polen	27,5	18,7	25,0	23,4	33,3
Portugal	4,8	6,5	2,3	2,6	1,9
Rumänien	2,2	1,9	3,5	2,3	3,2
Schweden	26,4	20,7	15,8	17,2	18,7
Slowakei	5,7	6,9	6,6	21,4	4,2
Slowenien	5,7	2,4	10,2	7,3	5,3
Tschechische Rep.	23,8	18,4	29,5	22,2	23,3
Ungarn	3,7	4,2	3,5	9,7	6,6
Zypern	.	.	.	.	.
EU[s]	33,9	33,4	30,3	31,2	34,8
Große Märkte außerhalb der EU					
Brasilien[s]	12,3	13,0	16,5	9,6	15,1
Indien[s]	.	85,0	85,0	93,0	89,0
Japan	58,3	55,4	63,1	54,9	54,8
Russische Föderation	18,7	17,4	17,6	24,1	28,5
USA	95,0	88,8	93,6	92,1	92,9
VR China[s]	54,5	61,6	58,3	53,8	62,2

Quelle: Europäische Audiovisuelle Informationsstelle, Straßburg

Tabelle 11.6

Filmtheaterbruttoeinnahmen in Millionen € nach Ländern 2014 bis 2018

Land	2014	2015	2016	2017	2018 vorläufig
Die 5 größten EU-Märkte					
Deutschland	979,7	1.167,1	1.023,0	1.056,1	899,3
Frankreich	1.333,3	1.331,7	1.390,0	1.380,0	1.340,0
Großbritannien	1.320,6	1.737,5	1.480,1	1.444,3	1.446,2
Italien	600,1	664,3	688,5	612,5	588,6
Spanien	518,2	575,2	602,4	598,9	585,7
Übrige EU-Länder A-Z					
Belgien	154,2	165,0	147,7	159,2	161,7
Bulgarien	20,4	23,3	24,7	25,6	23,8
Dänemark	129,4	157,0	149,8	143,6	154,0
Estland	12,4	15,5	17,6	19,2	20,9
Finnland	69,7	89,0	89,3	88,5	90,7
Griechenland	56,4	63,0	64,2	64,3	60,7
Irland	97,7	105,0	108,5	112,7	119,5
Kroatien	14,1	14,9	16,7	17,8	19,8
Lettland	14,1	15,7	17,3	18,1	18,6
Litauen	14,0	.	17,6	20,2	22,7
Luxemburg	.	.	.	.	.
Malta	.	.	.	.	.
Niederlande	243,2	274,0	286,6	298,5	315,7
Österreich	114,8	136,0	133,4	129,8	119,8
Polen	123,8	195,0	221,0	249,3	267,2
Portugal*	61,1	75,0	76,4	80,8	79,2
Rumänien	40,6	27,5	53,6	57,6	57,2
Schweden	177,0	193,0	203,5	197,8	197,4
Slowakei	20,3	23,5	28,9	34,1	33,4
Slowenien	9,3	10,3	11,8	11,6	12,9
Tschechische Rep.	51,7	60,7	74,1	75,3	86,4
Ungarn	46,0	56,2	63,5	66,0	67,0
Zypern	5,0	5,3	5,0	6,0	6,1
EU[s]	6.320	7.204	7.045	7.036	6.802
Große Märkte außerhalb der EU (ab hier Währungsangaben in Mio USD)					
Brasilien[s]	825,1	705,4	744,7	851,5	.
Indien[s]	1.500,0	1.500,0	1.500,0	1.600,0	1.500,0
Japan	1.700,0	1.800,0	2.170,0	2.040,0	2.020,0
Russische Föderation	1.150,0	728,0	712,0	799,2	695,7
USA und Kanada	10.400,0	11.100,0	11.400,0	10.524,8	11.880,0
VR China[s]	4.821,0	6.813,0	6.600,0	8.270,0	9.240,0
Welt (Md USD)[s]	36,4	38,4	38,8	40,6	41,1

Quelle: Europäische Audiovisuelle Informationsstelle, Straßburg

Tabelle 11.7

Leinwände nach Ländern 2014 bis 2018

Land	2014	2015	2016	2017	2018 vorläufig	Anteil digitale Leinwände 2017 in %
Die 5 größten EU-Märkte						
Deutschland	4.637	4.692	4.739	4.803	4.849	100%
Frankreich	5.653	5.741	5.842	5.913	5.981	100%
Großbritannien*	3.909	4.046	4.150	4.309	4.340	100%
Italien[s]	3.852	.	4.874	5.298	5.205	98%
Spanien	3.694	3.558	3.557	3.625	3.589	99%
Übrige EU-Länder A-Z						
Belgien	.	508	521	523	523	100%
Bulgarien	196	201	209	216	218	100%
Dänemark	416	432	444	444	472	100%
Estland	44	42	51	60	66	91%
Finnland	294	311	309	312	358	100%
Griechenland[s]	482	554	547	547	547	81%
Irland	468	496	496	496	463	100%
Kroatien	154	158	173	179	185	100%
Lettland	64	58	62	61	66	98%
Litauen	84	84	79	79	79	84%
Luxemburg	34	32	32	37	37	100%
Malta	.	34	34	35	35	97%
Niederlande	741	888	888	944	956	100%
Österreich	556	557	556	556	577	100%
Polen	1.259	1.256	1.256	1.364	1.243	94%
Portugal*	545	547	549	571	580	92%
Rumänien	292	339	393	386	404	96%
Schweden	765	802	808	808	808	99%
Slowakei	.	226	238	248	266	75%
Slowenien	106	123	114	111	108	100%
Tschechische Rep.	841	689	691	736	750	51%
Ungarn	340	330	336	360	372	97%
Zypern	35	35	35	32	35	100%
EU[s]	30.111	31.621	32.391	33.026	33.112	94%
Große Märkte außerhalb der EU						
Brasilien	2.830	3.013	3.160	3.220	3.356	100%
Indien** [s]	11.109	11.100	11.194	11.209	11.280	85%
Japan	3.364	3.437	3.472	3.525	3.561	98%
Russische Föd.[s]	3.829	4.021	4.370	4.800	5.215	100%
USA	43.265	40.547	40.392	40.393	40.317	100%
VR China[s]	24.607	31.627	41.179	50.776	60.079	93%
Welt[s]	142.215	152.142	163.928	171.755	186.859	97%

Quelle: Europäische Audiovisuelle Informationsstelle, Straßburg , Mediasalles, Milano

*nur Leinwände mit elektronischem Ticketsystem **Nur Kinos mit einer Leinwand, ohne Multiplexe

***Wenn die Anzahl der digitalen Leinwände die der Leinwände übersteigt, liegt das an verschiedenen Zählweisen der Datenlieferanten.

12 Fernsehen

In diesem Kapitel werden die TV-Programmsegmente Kinofilme und deutsche TV-Movies im deutschen Fernsehen analysiert.

Für 2018 wurden eine Reihe von weiteren Sendern in die Statistik aufgenommen: ONE, phoenix und ZDFneo bei den öffentlich-rechtlichen Sendern, ProSieben MAXX, SAT.1 Gold, sixx, RTL Nitro, Toggo plus, Anixe, Comedy Central, RiC und Zee.One bei den privaten Sendern. Daher lassen sich die Zahlen von 2018 nur bedingt mit denen der Vorjahre vergleichen.

56% der Ausstrahlungen aktueller deutscher Kinofilme werden im ZDF und bei Das Erste im Nachtprogramm von 0 bis 6 Uhr gesendet, 13% im Hauptprogramm von 20 bis 22 Uhr und 28% im Spätprogramm von 22 bis 24 Uhr.

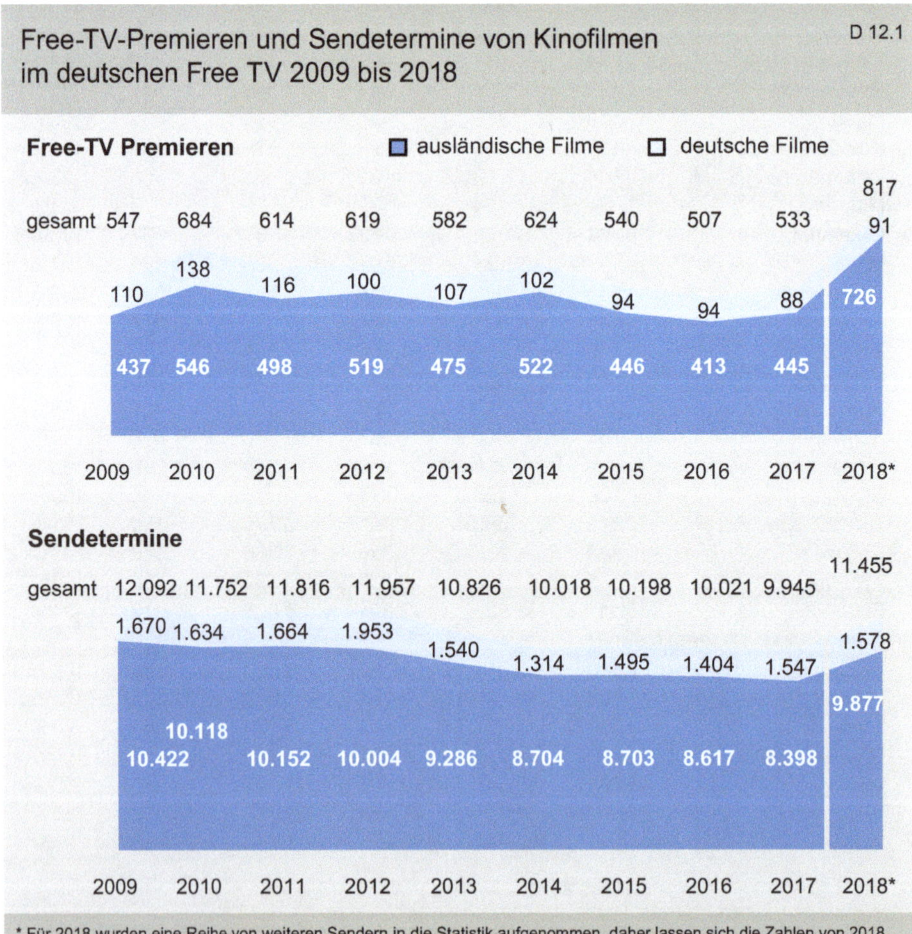

* Für 2018 wurden eine Reihe von weiteren Sendern in die Statistik aufgenommen, daher lassen sich die Zahlen von 2018 nur bedingt mit denen der Vorjahre vergleichen.

Tabelle 12.1

Free-TV-Premieren von Kinofilmen im deutschen TV 2014 bis 2018

Jahr	Öffentlich-rechtliche TV-Sender													Private TV-Sender Free-TV		
	Das Erste	ZDF	BR3	HR3	MDR	NDR3	RBB	SWR	WDR3	3SAT	ARTE	Kika	Sonstige ÖR	Pro 7 Sat.1 Gruppe	RTL Mediengruppe	Sonstige Private
2014	67	49	15	-	9	1	-	3	13	26	116	19	.	87	101	118
2015	52	48	12	2	8	4	3	3	12	15	97	14	.	81	96	93
2016	26	31	7	-	3	1	-	2	10	14	100	15	.	89	101	108
2017	42	49	2	0	7	3	1	2	7	18	97	13	.	97	88	107
2018	45	42	2	0	3	3	8	2	9	10	103	12	10	107	107	354*

Jahr	Das Erste/ZDF	Andere öffentlich-rechtliche TV-Sender	Private TV-Sender Free-TV
2014	116	202	306
2015	100	170	270
2016	57	152	298
2017	91	150	292
2018	87	162	568*

Jahr	Alle TV-Sender
2014	624
2015	540
2016	507
2017	533
2018	817*

* Für 2018 wurden eine Reihe von weiteren Sendern in die Statistik aufgenommen, daher lassen sich die Zahlen von 2018 nur bedingt mit denen der Vorjahre vergleichen.

Tabelle 12.2

Gesendete Kinofilme* im deutschen Free-TV 2014 bis 2018

Jahr	Öffentlich-rechtliche TV-Sender													Private TV-Sender Free-TV		
	Das Erste	ZDF	BR3	HR3	MDR	NDR3	RBB	SWR	WDR3	3SAT	ARTE	Kika	Sonstige ÖR	Pro 7 Sat.1 Gruppe	RTL Mediengruppe	Sonstige Private
2014	508	359	370	177	424	110	341	104	205	499	367	111	.	1.217	1.256	759
2015	477	321	382	204	376	149	307	107	265	498	338	124	.	1.233	1.239	739
2016	435	340	349	200	355	136	284	102	165	470	384	120	.	1.275	1.139	723
2017	460	324	316	170	381	143	294	92	138	488	361	116	.	1.197	1.169	784
2018	322	316	235	160	415	142	304	127	137	422	389	119	255	1.279	1.285	1.219**

Jahr	Das Erste/ZDF	Andere öffentlich-rechtliche TV-Sender	Private TV-Sender Free-TV
2014	867	2.708	3.232
2015	798	2.750	3.211
2016	775	2.565	3.137
2017	784	2.499	3.150
2018	638	2.705	3.783**

Jahr	Alle TV-Sender
2014	6.807
2015	6.759
2016	6.477
2017	6.433
2018	7.126**

*Ein Filmtitel wird pro Jahr und Sender nur einmal gezählt.

**Für 2018 wurden eine Reihe von weiteren Sendern in die Statistik aufgenommen, daher lassen sich die Zahlen von 2018 nur bedingt mit denen der Vorjahre vergleichen.

Tabelle 12.3

Sendetermine* von Kinofilmen im deutschen Free-TV 2014 bis 2018

Jahr	Öffentlich-rechtliche TV-Sender													Private TV-Sender Free-TV		
	Das Erste	ZDF	BR3	HR3	MDR	NDR3	RBB	SWR	WDR3	3SAT	ARTE	Kika	Sonstige ÖR	Pro 7 Sat.1 Gruppe	RTL Mediengruppe	Sonstige Private
2014	545	435	388	190	535	111	363	115	215	678	791	125	.	2.167	2.013	1.347
2015	535	380	419	248	505	155	330	121	320	668	746	146	.	2.247	2.003	1.375
2016	488	376	413	258	495	143	326	120	200	610	761	157	.	2.335	1.893	1.446
2017	520	377	395	238	514	153	346	106	148	643	720	151	.	2.261	1.951	1.422
2018	384	369	281	229	576	150	350	153	158	477	717	148	393	2.458	1.943	2.669

Jahr	Das Erste/ZDF	Andere öffentlich-rechtliche TV-Sender	Private TV-Sender Free-TV
2014	980	3.511	5.527
2015	915	3.658	5.625
2016	864	3.483	5.674
2017	897	3.414	5.634
2018	753	3.632	7.070

Jahr	Alle TV-Sender
2014	10.018
2015	10.198
2016	10.021
2017	9.945
2018	11.455

*einschließlich Wiederholungen

**Für 2018 wurden eine Reihe von weiteren Sendern in die Statistik aufgenommen, daher lassen sich die Zahlen von 2018 nur bedingt mit denen der Vorjahre vergleichen.

Tabelle 12.4

Sendetermine* von Kinofilmen im deutschen Free-TV im Jahr 2018 nach FSK-Altersfreigabe

	öffentlich-rechtliche TV-Sender													private TV-Sender				
FSK-Freigabe	Das Erste	ZDF	BR3	HR3	MDR	NDR3	RBB	SWR	WDR3	3SAT	ARTE	Kika	Sonstige ÖR	Pro 7 Sat.1 Medien-gruppe	RTL Medien-gruppe	Sonstige Private	absolut	in %
o.Al.	59	59	39	18	87	21	63	19	21	23	45	70	65	216	339	140	1.284	13,0
ab 6	60	37	92	53	161	36	110	39	32	63	97	27	71	280	278	204	1.640	16,6
ab 12	161	133	105	93	189	56	89	68	67	223	316	-	114	1.005	623	656	3.898	39,5
ab 16	75	95	30	39	45	23	42	11	18	114	117	-	102	673	394	773	2.551	25,8
ab 18	2	8	3	7	4	3	3	4	0	14	19	-	9	156	77	190	499	5,1
Filme mit FSK-Kennzeichen	357	332	269	210	486	139	307	141	138	437	594	97	361	2.330	1.711	1.963	9.872	86,2
Filme ohne FSK-Kennz.	27	37	12	19	90	11	43	12	20	40	123	51	32	128	232	706	1.583	13,8
gesamt	384	369	281	229	576	150	350	153	158	477	717	148	393	2.458	1.943	2.669	11.455	100,0

*einschließlich Wiederholungen

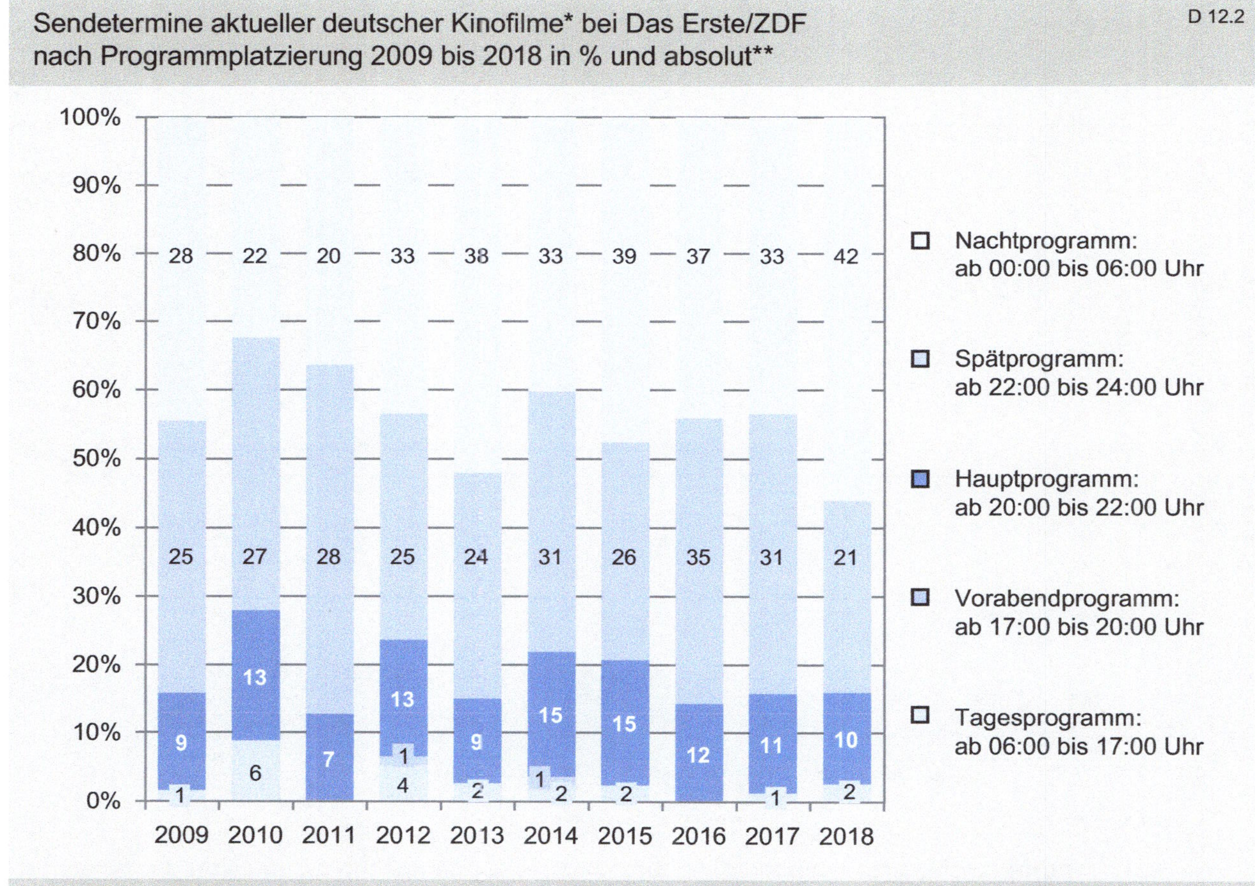
Sendetermine aktueller deutscher Kinofilme* bei Das Erste/ZDF
nach Programmplatzierung 2009 bis 2018 in % und absolut**
D 12.2
100%
90%
80%
70%
60%
50%
40%
30%
20%
10%
0%
28 22 20 33 38 33 39 37 33 42
25 27 28 25 24 31 26 35 31 21
9 13 7 13 9 15 15 12 11 10
1 1
1 6 4 2 2 2 1 2
2009 2010 2011 2012 2013 2014 2015 2016 2017 2018
Nachtprogramm: ab 00:00 bis 06:00 Uhr
Spätprogramm: ab 22:00 bis 24:00 Uhr
Hauptprogramm: ab 20:00 bis 22:00 Uhr
Vorabendprogramm: ab 17:00 bis 20:00 Uhr
Tagesprogramm: ab 06:00 bis 17:00 Uhr
*Sendetermin höchstens 5 Jahre nach Kinostart, ohne Kinderfilme. **Die Werte in den Diagrammbalken stellen die absolute Anzahl der Sendetermine dar.

Tabelle 12.5

Sendetermine* von Kinofilmen im deutschen Free-TV im Jahr 2018 nach Herstellungsländern

Herstellungsland	öffentlich-rechtliche TV-Sender													private TV-Sender			
	Das Erste	ZDF	BR3	HR3	MDR	NDR3	RBB	SWR	WDR3	3SAT	ARTE	Kika	Sonstige ÖR	Pro 7 Sat.1 Medien-gruppe	RTL Medien-gruppe	Sonstige Private	gesamt
1 USA	122	180	55	80	64	28	55	25	22	167	192	6	187	1.989	1.561	1.099	5.832
2 Deutschland	101	71	138	65	179	62	143	83	73	115	124	40	68	129	99	88	1.578
3 Frankreich	46	24	34	35	78	12	33	16	25	42	229	7	54	55	72	184	946
4 Indien	1	1	-	-	1	-	1	-	-	1	-	-	-	-	4	765	774
5 Großbritannien	37	34	13	12	26	16	18	7	14	36	51	1	32	74	79	129	579
6 Italien	4	-	8	16	55	3	9	7	4	15	22	-	8	46	-	79	276
7 Kanada	2	6	3	3	3	-	3	-	2	6	-	3	3	13	26	57	130
8 Japan	3	1	-	-	-	-	-	1	1	3	3	2	-	74	6	20	114
9 Dänemark	3	2	-	1	32	1	11	-	-	2	6	24	5	7	3	5	102
10 DDR	-	-	-	-	65	-	24	-	-	1	-	9	-	-	-	1	100
Übrige Länder A-Z																	
Afghanistan	-	-	-	-	-	-	-	-	-	-	3	-	-	-	-	-	3
Argentinien	-	-	-	-	-	-	-	-	1	1	7	-	-	-	-	8	17
Äthiopien	-	1	-	-	-	-	-	-	-	-	-	-	-	-	-	-	1
Australien	7	1	2	-	3	-	1	3	2	4	-	5	3	29	9	15	84
Belgien	-	3	-	-	2	-	2	-	1	1	1	1	2	-	7	4	24
Bosnien-Herzeg.	-	-	-	-	-	-	-	-	-	-	2	-	-	-	-	-	2
Brasilien	-	2	-	-	-	-	-	-	-	-	2	-	-	-	-	3	7
Bulgarien	-	-	-	-	1	-	-	-	-	1	1	-	-	-	-	-	3
Chile	-	-	-	-	-	-	-	-	1	-	-	-	-	-	-	-	1
China (VR)	1	-	-	-	-	-	-	-	1	-	-	-	-	11	5	10	28
Finnland	2	2	1	2	4	-	-	-	-	-	3	5	-	-	2	10	31
Georgien	-	-	-	-	-	-	-	-	1	-	-	-	-	-	-	-	1
Griechenland	-	-	-	-	-	-	-	-	-	-	2	-	-	-	-	-	2
Hongkong	5	-	-	1	1	-	-	-	-	2	-	-	5	8	7	16	45
Indonesien	-	-	-	-	-	-	-	-	-	-	-	-	-	-	-	1	1
Iran	-	-	-	-	-	-	-	-	-	-	4	-	-	-	-	-	4
Irland	2	4	1	2	1	-	1	-	1	2	4	1	1	-	2	-	22
Island	3	1	-	1	2	1	-	1	-	3	1	-	1	-	2	-	16
Israel	-	1	1	-	-	3	-	-	1	-	3	-	-	-	3	1	13

Korea (Süd)	1	-	-	-	-	-	1	-	1	1	2	-	-	2	6	7	21
Kroatien	-	-	-	-	-	-	-	-	-	-	2	-	-	-	-	-	2
Litauen	-	-	-	-	-	1	-	-	-	-	-	-	-	-	-	-	1
Luxemburg	-	-	-	-	-	-	-	-	-	-	1	-	-	-	-	-	1
Mexiko	1	-	-	2	-	-	-	-	-	-	-	-	2	1	2	2	10
Neuseeland	1	1	-	-	-	2	1	1	-	2	-	-	-	7	2	9	26
Niederlande	3	5	3	-	8	3	5	-	1	4	-	20	4	2	4	32	94
Norwegen	1	1	4	-	8	2	5	2	-	1	6	8	2	1	4	10	55
Österreich	11	4	10	3	14	6	3	3	3	32	-	1	3	-	-	4	97
Palästina	-	-	-	-	-	-	-	-	1	-	-	-	-	-	-	-	1
Philippinen	-	-	-	-	-	-	-	-	-	-	1	-	-	-	-	-	1
Polen	-	-	-	-	-	-	1	-	-	-	6	-	-	-	-	6	13
Puerto Rico	-	-	-	-	-	-	-	-	-	-	-	-	-	-	-	2	2
Rumänien	-	-	1	-	-	-	-	-	-	-	3	-	-	-	-	-	4
Rußland	-	-	-	-	-	-	-	-	-	1	3	-	-	-	17	26	47
Saudi Arabien	-	-	1	-	-	-	-	-	-	-	-	-	-	-	-	-	1
Schweden	3	14	1	5	11	6	3	-	-	4	3	6	4	-	-	10	70
Schweiz	5	-	2	-	1	2	2	1	-	19	7	1	3	1	-	3	47
Serbien	-	-	-	-	-	-	-	-	-	-	1	-	-	-	-	-	1
Singapur	-	1	-	-	-	-	-	-	1	-	2	-	-	-	-	-	4
Spanien	5	4	-	-	2	1	2	-	-	4	9	-	3	2	11	52	95
Südafrika	-	1	1	-	-	-	2	-	-	2	1	-	1	2	4	4	18
Taiwan	-	-	-	-	-	-	-	-	1	-	-	-	-	-	-	-	1
Thailand	-	-	-	-	-	-	1	-	-	1	-	-	-	1	3	3	9
Tschech. Republik	-	1	-	-	1	-	1	1	-	-	2	2	-	4	1	-	13
Tschechoslow.Rep.	7	2	2	1	6	1	13	1	1	1	2	5	2	-	-	-	44
Türkei	2	1	-	-	-	-	-	-	-	-	3	-	-	-	-	2	8
UDSSR	5	-	-	-	8	-	8	-	-	-	-	1	-	-	-	-	22
Ukraine	-	-	-	-	-	-	-	-	-	-	1	-	-	-	-	-	1
Ungarn	-	-	-	-	-	-	1	1	-	1	1	-	-	-	2	2	8
Uruguay	-	-	-	-	-	-	-	-	-	1	-	-	-	-	-	-	1
Gesamt	384	369	281	229	576	150	350	153	158	477	717	148	392	2.458	1.943	2.670	11.455
EU ohne D	116	97	72	76	235	49	90	35	49	144	346	68	116	190	183	517	2.383

*einschließlich Wiederholungen

Tabelle 12.6

Free-TV-Premieren deutscher Kinofilme und deutscher TV-Movies im deutschen Free-TV 2009 bis 2018

Jahr	Kinofilme			TV-Movies			Alle Filme
	öffentlich rechtlich	private TV-Sender	gesamt	öffentlich rechtlich	private TV-Sender	gesamt	
2009	87	23	110	267	31	298	408
2010	114	24	138	258	39	297	435
2011	92	24	116	285	25	310	426
2012	84	16	100	270	28	298	398
2013	82	25	107	248	20	268	375
2014	88	14	102	217	9	226	328
2015	76	18	94	261	13	274	368
2016	73	21	94	265	19	284	378
2017	68	20	88	266	12	278	366
2018	69	22	91	254	11	265	356
Vergleich 2018 ggü. 2017	1%	10%	3%	-5%	-8%	-5%	-3%

Tabelle 12.7

TV-Premieren von Kinofilmen und gesendete Kinofilme* bei Premiere World / Sky (Pay-TV) 2009 bis 2018

Jahr	TV-Premieren		gesendete Kinofilme*	
	gesamt	deutsche Filme	gesamt	deutsche Filme
2009	547	63	5.574	834
2010	473	38	6.087	846
2011	368	31	5.582	862
2012	375	30	5.321	813
2013	407	38	5.053	796
2014	350	41	5.084	781
2015	389	50	5.546	855
2016	420	45	5.616	841
2017	341	45	5.036	852
2018	320	31	4.801	805

*Ein Filmtitel wird pro Jahr nur einmal gezählt.

13 Beschäftigung

Dieses Kapitel beruht auf den Zahlen der Beschäftigungsstatistik der Bundesagentur für Arbeit. 2018 gab es 39.606 sozialversicherungspflichtig Beschäftigte in der Filmwirtschaft, 0,6% mehr als im Vorjahr. Im Bereich Herstellung von Filmen, Videofilmen und TV-Programmen gab es einen Beschäftigungszuwachs von 2,1%. Der Bereich Nachbearbeitung und Filmtechnik schrumpfte um 2,8%. Filmverleih und -vertrieb gingen um 0,1% zurück. Die Kinos hatten einen Rückgang von 1,4%.

2018 gab es 19.355 geringfügig Beschäftige in der Filmwirtschaft, 3,6% weniger als 2017. Mehr als drei Viertel davon arbeiteten in Kinos.

Die Anzahl der selbstständig Erwerbstätigen in der Filmwirtschaft belief sich 2017 nach Angaben des Mikrozensus des Bundesamtes für Statistik auf 18.000.

Die Verteilung der sozialversicherungspflichtigen Beschäftigten auf die einzelnen Bundesländer zeigt, dass Nordrhein-Westfalen mit 9.856 und Bayern mit 8.260 die meisten Beschäftigten in der Filmwirtschaft beheimaten. Die höchste Beschäftigungsdichte haben die Stadtstaaten, angeführt von Berlin mit 189 Beschäftigten, dicht gefolgt von Hamburg mit 188 Beschäftigten pro 100.000 Einwohnern.

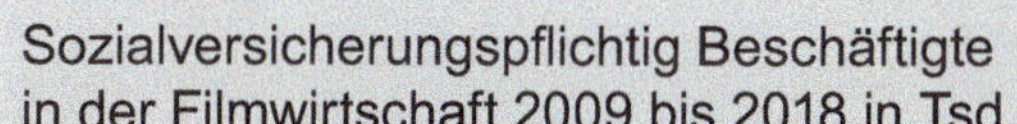

Sozialversicherungspflichtig Beschäftigte in der Filmwirtschaft 2009 bis 2018 in Tsd. D 13.1

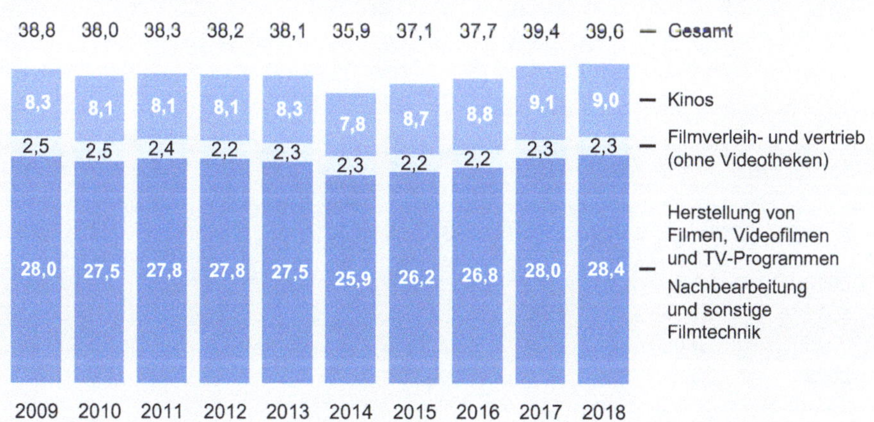

Quelle: Bundesagentur für Arbeit, Nürnberg

Tabelle 13.1

Sozialversicherungspflichtig Beschäftigte und sebständig Erwerbstätige in der Filmwirtschaft 2009 bis 2018

	Filmwirtschaft insgesamt	davon				Rundfunkveranstalter
		Herstellung von Filmen, Videofilmen und TV-Programmen	Nachbearbeitung und sonstige Filmtechnik	Filmverleih und -vertrieb (ohne Videotheken)	Kinos	
2009	38.837	22.786	5.255	2.510	8.286	51.823
2010	38.005	22.530	4.941	2.451	8.083	52.052
2011	38.334	22.750	5.075	2.397	8.112	53.239
2012	38.212	23.272	4.560	2.234	8.146	53.370
2013	38.113	23.057	4.423	2.296	8.337	57.706
2014	35.933	21.715	4.141	2.319	7.758	56.897
2015	37.130	22.086	4.143	2.160	8.741	58.589
2016	37.739	22.781	4.006	2.182	8.770	58.842
2017	39.358	23.731	4.251	2.259	9.117	59.455
2018	39.606	24.229	4.131	2.257	8.989	59.694
2018 ggü 2017	0,6%	2,1%	-2,8%	-0,1%	-1,4%	0,4%

Geringfügig Beschäftigte in der Filmwirtschaft 2012 bis 2018

2012	21.850	5.600	895	577	14.778	3.719
2013	21.613	4.994	884	567	15.168	4.364
2014	19.495	3.546	734	513	14.702	2.348
2015	19.839	3.211	682	507	15.439	2.294
2016	19.745	3.371	655	467	15.252	2.437
2017	20.082	3.353	730	462	15.537	2.516
2018	19.355	3.175	649	435	15.096	2.274
2018 ggü 2017	-3,6%	-5,3%	-11,1%	-5,8%	-2,8%	-9,6%

Selbständig Erwerbstätige in der Filmwirtschaft 2013 bis 2017

2013	21.000
2014	21.000
2015	20.000
2016	18.000
2017	18.000

Quelle: Bundesagentur für Arbeit, Nürnberg, Bundesamt für Statistik, Wiesbaden

Tabelle 13.2

Sozialversicherungspflichtig Beschäftigte in der Filmwirtschaft nach Bundesländern im Jahr 2018 (Stand: jeweils der 30.06)

Bundesland	Filmwirtschaft insgesamt	davon				Rundfunkveranstalter	Beschäftigte der Filmwirtschaft pro 100.000 Einwohner
		Herstellung von Filmen, Videofilmen und TV-Programmen	Nachbearbeitung und sonstige Filmtechnik	Filmverleih- und vertrieb (ohne Videotheken)	Kinos		
Ba.-Wü.	2.518	1.079	444	49	946	6.493	23
Bayern	8.260	5.520	637	896	1.207	12.907	63
Berlin	6.859	4.400	990	576	893	4.769	189
Brandenburg	1.067	832	*	*	201	823	43
Bremen	220	*	*	0	155	614	32
Hamburg	3.449	2.292	458	*	*	5.081	188
Hessen	2.045	777	188	248	832	2.733	33
Mecklbrg-Vorp.	186	*	*	0	103	502	12
Niedersachsen	1.359	561	*	*	719	1.000	17
NRW	9.856	6.644	1.002	106	2.104	11.765	55
Rheinland-Pfalz	842	450	*	*	333	7.126	21
Saarland	124	64	*	*	57	*	12
Sachsen	1.295	677	210	44	364	3.284	32
Sachsen-Anhalt	443	184	*	*	205	624	20
Schlesw.-Holstein	570	276	*	*	261	604	20
Thüringen	513	332	*	0	*	*	24
gesamt	39.606	24.229	4.131	2.257	8.989	59.694	48

Quelle: Bundesagentur für Arbeit, Nürnberg

*Aus Datenschutzgründen und Gründen der statistischen Geheimhaltung werden Zahlenwerte <3 und Daten, aus denen sich rechnerisch eine Differenz ermitteln lässt, mit * anonymisiert. Gleiches gilt, wenn in einer Region weniger als 3 Betriebe ansässig sind oder einer der Betriebe einen so hohen Beschäftigtenanteil auf sich vereint, dass die Beschäftigtenzahl praktisch eine Einzelangabe über den Branchenführer darstellt (Dominanzfall).

Erläuterungen in Englisch - Abbreviations

Countries

A = Austria
CH = Switzerland
CSSR = Tschechoslowakian Socialistic Republic (1960 - 1990)
CZ = Czech Republic
DDR = German Democratic Republic (until 02.10.1990)
D = Federal Republic of Germany
E = Spain
EU = European Union
F = France
GB = Great Britain
GR = Greece
H = Hungary
I = Italy
NL = The Netherlands
UDSSR = Union of Soviet Socialist Republics (until 31.12.1991)
USA = United States of America
VRC = People's Republic of China

Further Abbreviations

D 1.1 = Diagram 1.1
dt. = german
Durchschn. = average
DVD = Digital Versatile Disc
EST = Electronic sell through
FBW = Deutsche Film- und Medienbewertung (German Film- and Media Evaluation Board)
FFA = Filmförderungsanstalt (German Federal Film Board)
FFG = Filmförderungsgesetz (Federal Film Funding Act)
FSK = Freiwillige Selbstkontrolle der Filmwirtschaft GmbH (Organisation for the Voluntary Self-Regulation of the German Film Industry)
JuSchG = Jugendschutzgesetz (law for the protection of the youth)
Mio = million(s)
o.Al. = suitable without age restrictions (FSK age rating)
SPIO = Spitzenorganisation der Filmwirtschaft e.V. (Umbrella Organisation of the German Film Industry)
SVod = Subscriptional Video on Demand
TVoD = Transactional Video on Demand
s (^{s}) = estimated
T€ = 1.000 €
VoD = Video on demand

List of Charts and Diagrams

1 Film Production

2 Film Distribution

3 Cinemas

4 Cinema Advertising

5 Admissions, cinemagoer

6 Video

7 FSK (Voluntary Self Regulation of German Film Industry)

8 Film Funding

9 German Board of Cultural Film and Media Classification (FBW)

Zeitfracht Medien GmbH
Ferdinand-Jühlke-Straße 7
99095 Erfurt, Deutschland
produktsicherheit@kolibri360.de